U0076094

解構鐵道文字設計

深度剖析筆畫之間的美學奧義

石川祐基 著   蕭辰倢 譯

前言。

歡迎來到這個小眾群體、狂熱者
們總是求知若渴，愈探索就愈想了解
的深奧世界。車站指示牌、車輛記號、
文字商標……本書直接採訪了鐵道公
司、設計公司等「幕後推手」，探討
在鐵道設施中使用這些字體與設計的
「緣由」。平時必定經常映入眼簾的
這些設計，或許將產生諸多從未有過、
出乎意料之外，又或者正如所想的發
現。我期待這些發現，能在單調日常
所少不了的「通勤」片段當中，為大
家帶來些許樂趣。

2019 年 1 月　石川祐基

何謂
鐵道文字迷。

NAN
DA
ROU?

鐵道文字迷的興趣是欣賞車站的指示牌
（站名牌）、車輛記號等鐵道字體與設
計。本書採訪鐵道公司和設計公司工作
人員，統整出使用某種字體、某種設計
的各類緣由。

WELCOME *to* MOJITETSU WORLD!

舉例而言……

把所有想知道的，
大致問了一輪。

鐵道文字迷吉祥物
「站名豹」

CASE
01

為什麼文字是扁平的？

しながわ

KK
01
品 川
Shinagawa　品川 시나가와

泉岳寺　　　　　　→　　　　　KK 北品川
Sengakuji　　　　　　　　　　　02 Kitashinagawa

KEIKYU RAILWAY STATION SIGN

為什麼文字是這種粗細？

CASE
02

I
04
三 田
みた
Mita

I → 03

白金高輪
Shirokane-takanawa

芝公園
Shibakoen

TOEI SUBWAY STATION SIGN

為什麼背景是白色的？

其他還有更多……

本書所刊載之內容為 2018 年 12 月時之資訊，其後亦可能變動，敬請見諒。
本書所記載的某些字體是由作者調查而得，可能跟實際狀況有所出入。
請避免向鐵道業者洽詢本書相關內容。

來來比一比！！
地下鐵指示牌

個個查一查！！
各家字體設計公司的站名牌圖鑑

咯嚓拍起來！！
搶眼指示牌

歡樂問翻天！！
鐵道迷

嘿嘿

請開示!!

幕後推手

MOSHI MOSHI OSHIETE!!
NAKANOHITO

為何會
採用某種字體、某種設計呢？
讓我們來問問鐵道公司職員和設計師。

這些文字的秘密。

京急電鐵

KEIKYU RAILWAY

協助｜i Design inc.

京濱急行電鐵株式會社

紅色電車配上紺色（深藍色）指示牌。京急的指示牌，由暖色和寒色形成美麗的對比。為了避免乘客下錯站而採用色彩區分，在追求文字美觀的背後也藏著不為人知的秘密。在鐵道文字界享有頂級地位的「那套字體」的製作秘辛，還有令人懷念的站名牌，在此一同大公開！彌足珍貴的永久珍藏版！

舊

ゴナ E Gona E

かなざわぶんこ

KK 49 金沢文庫

Kanazawa-bunko

Helvetica Bold

能見台 のうけんだい　　かなざわはっけい 金沢八景 KK 50

※ 正式名稱
應為 Helvetica DemiBold（寫研）

新

新ゴ DB 新黑體 DB

KEIKYU

かなざわぶんこ

KK 49 金沢文庫

Kanazawa-bunko 金澤文庫 가나자와분코

金沢八景
Kanazawa-hakkei　　→　　KK 48 能見台 Nōkendai

Frutiger Bold

從「Gona」到「新黑體」。

乘著DTP化（印刷排版數位化）的浪潮，指示牌所使用的字體從照相排版字體「Gona」，轉變成了DTP適用字體「新黑體」。紺色的新式站名牌從2010年10月21日開張的羽田機場國際線航廈站起始，正在推廣至所有站點。更換作業期間也可碰見新舊同時存在的情況，如右方照片所示。

堀口仁美小姐
i Design inc.

令文字的高低變平均。

　　包括新舊站名牌在內，京急的各種指示牌都會施加稱為「平體」的文字處理。如同其名，這是一種「扁平」的文字。一般的文字型態稱為「正體」，文字會收納在長寬比幾近1：1的框格中；平體則會稍微往橫向延伸。採用平體的原因是什麼呢？我試著請教「i Design inc.」經手該指示牌設計案的堀口仁美小姐。「和文（日文字體）在直橫線條的比例關係上，當直線較粗、橫線較細，看起來會比較漂亮。而漢字由於形狀上有高有低，如果直接套上正體，大大小小的凹凸就會變得非常顯眼。改成平體，可以更接近均衡比例。不過如果把歐文（西洋字體）變成平體，原本的結構就會崩解，因此歐文選擇使用正體。」原來要使文字美觀，細微調整是不可或缺的。

金沢文庫

正體

金沢文庫

平體

國內線用白色、國際線用紺色、天空橋用白色的謎團。

讓我們來請教京急。

羽田機場國內線航廈站的站名牌，雖然屬於新式設計，卻是白色底。這是因為隔壁站國際線航廈的站名牌使用紺色，為防乘客下錯站，刻意使用了相異的顏色。

羽田機場國際線航廈則跟國內線航廈相反，採用其他車站皆可見到，以紺色為底的標準型站名牌。由於外國乘客較多，某些站名牌的歐文標示，尺寸會比和文還要大。

「天空橋」的站名牌跟羽田機場國內線航廈站一樣，是白色底的特殊型式。這是因為車站內部（月台）的牆壁顏色已經是紺色，為使站名牌更顯眼，才會採用白底的設計。

DOMESTIC TERMINAL　　　　INTERNATIONAL TERMINAL　　　　TENKUBASHI

手工打造
文字。

京急專屬的
原創字體。

洋溢著速度感的「京急站名牌字體」，長久以來都扮演著車站的門面。京急電鐵表示，「為了追求指示牌在視覺上的統一性，1987年從汐入站開始引進，一路更換到1989年結束（部分站點除外）」。其實此種「字型」並不存在，所有字元都是一個一個造字而得。京急投注大量心力，造就出這套惹人憐愛的字體！

每站的所有文字，
都是手繪。

「我剛進公司的時候，有練習過用手畫出京急站名牌所使用的文字。」i Design inc.的堀口小姐說道。筆者旋即覺得好羨慕！好想進這種公司！但也是因為不曾親手做過，方能口出此言。實際上，那可是相當辛苦的工序。「每一站的所有文字，總量非常驚人。在連電腦都沒有的時代，全部都必須靠手繪……。」

順帶一提，據說採用斜體是為了表現速度感。如今京急的站名牌，正在推行採用「新黑體」字型設計的世代交替。我身為「京急站名字體」的粉絲，難免有些落寞，不過新的站名牌同樣具有凝練的現代性美感。與時代一同變化的指示牌也很值得放賞。

實在好辛苦……。

新設計現已更換完畢。

PROFILE

堀口仁美

設計執行。除了京急之外，亦參與了JR西日本、橫濱海岸線等處的指示牌設計案。

http://www.i-design.jp/

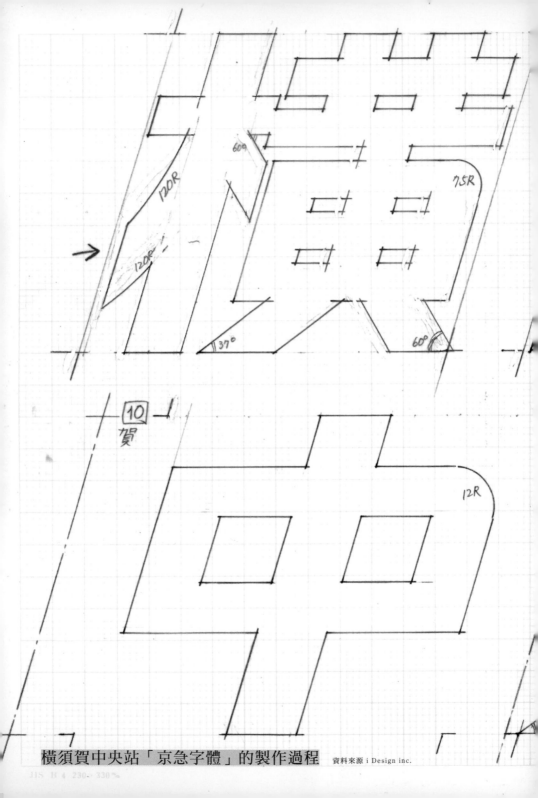

横須賀中央站「京急字體」的製作過程　資料來源 i Design inc.

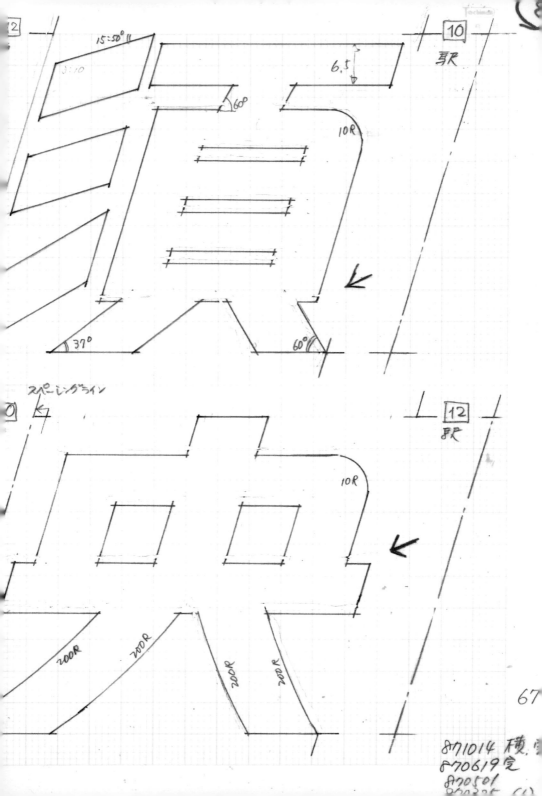

品 川 北 新 馬 場 青

大 森 海 岸 平 和 島

色 六 郷 土 手 崎 八

前 生 麦 子 安 神 奈

出 黄 金 南 太 井 ケ

風 浦 杉 富 能 台 沢

汐 入 須 賀 中 央 堀

荷 羽 空 港 鈴 師 東

逗 津 久 里 野 比 長

物横丁鮫洲立会
町梅屋敷蒲田雑
畷鶴見市花月園
仲木戸浜部日ノ
谷弘明寺上岡屏
文庫景追針塚逸
内糀鳥居穴守稲
門産業道路小武
三口京急駅

立会川
TACHIAIGAWA

← さ め ず ｜ おおもりかいがん →

壓箱寶大放送！

　　這些是1986年之前曾使用過的各類「鐵道文字」標牌。現行的站名牌是紺色底，過去的站名牌其實也採用過紺色底。Serif字型的英文標示，現在看來反而很時髦！「快速特急」的標示板很有速度感，「品川」的「品」、「アメリカンエクスプレス号（AMERICAN EXPRESS號）」的「号」也都蔚具特色。身為京急粉絲，我對「新町～文庫各站停車的急行列車」這個車種有點感興趣。

快速特急

開往羽田（現・天空橋）的 1000 型

京急蒲田知名賣點。

　　上圖是 1998 年的京急蒲田站。當時仍是地面月台，最知名的賣點莫過於寫著「轉乘 穴守稻荷」、特色十足的狐狸看板。順帶一提，此照片的拍攝日期為 1998 年 10 月 27 日，再過一個月的 11 月 18 日，從京急蒲田分支出來的機場線羽田機場站（現・羽田機場國內線航廈站）就開張了。

獨具一格的企劃。

近年，京急獨具一格的「聯名站名牌」企劃掀起了話題。在搭上漫畫《北斗神拳》35週年，並紀念京急創立 120 週年的「北斗京急週年活動」中，共有 3 個站點將站名牌更換成北斗造型樣式。右下圖中寫有「KA MA TATATATA－」的站名牌，據說是因為營業企劃課的某員工突然碎念了一句「KA MA TATATATA－」，最後真的做了出來。

照片來源 京急電鐵

照片來源 京急電鐵

照片來源 京急電鐵

※活動現已結束。

KENRITSUDAIGAKU　　　　　KAMIOOKA　　　　　KEIKYU KAMATA

簡單・即・頂級。
都營地下鐵

TOEI SUBWAY

都營地下鐵是首都東京的地下大動脈，淺草線、三田線、新宿線、大江戶線這4條路線的標準軌、窄軌、車廂長度、線性馬達推進方式及規格都各有不同，在鐵道方面的趣味性也很獨樹一格。其質樸剛毅的指示牌可謂東京的門面，曾歷經多種嘗試，反覆調查、檢驗著最佳版本！

協助｜東京都交通局

新ゴ DB 新黑體 DB

Futura Bold

Frutiger Bold

正因位處地下。

和文採用「新黑體」、歐文採用「Frutiger」字體，這是鐵道標示中的王牌組合。正如「簡單即頂級」一語所述，設計方面去除了不必要的元素，卻又能從上下側色條窺見都營的性格。車站編號跟東京Metro地鐵一樣採用「Futura」，使東京的地下鐵皆為共通的樣式。過去大江戶線開業當時，僅有大江戶線內才有機會看見黑底白字的站名牌，現今則是所有路線都統一變成白底樣式。來自東京都交通局總務部，曾任指示牌負責人的齋藤先生說明，這是因為「地下空間容易變得昏暗，白色的站名牌比較顯眼，在節省用電時，就算關掉站名牌的燈光，也可以輕鬆辨識站名」。

試

照片來源 東京都交通局

在改成現行站名牌的設計前，曾以試用版設置過臨時的站名牌。和文標示的「新黑體」，粗度是「B（Bold，粗體）」而非「DB（Demibold，半粗體）」；歐文標示採「Helvetica」字體，還有具備多語言標示等，皆是差異所在。

站名牌逐漸進化。

照片來源 東京都交通局 **往前3代**

照片來源 東京都交通局 **往前2代**

照片來源 東京都交通局 **前1代**

三田線
春日站的歷程。

追溯站名牌的變遷。

　　在東京都交通局的全面協助下，以前使用過的各代站名牌在此大公開！往前3代曾經有過T字型格線，是稱得上「經典站名牌」的王牌設計。從往前2代開始進化成為採用色條的現代樣式，並採用漢字標示。前1代的設計在上下側配置色條，已經很接近現行站名牌，接著經過前述的試用版，來到了現今的版本。過去和文曾經使用照相排版字體「新聞特粗黑體」（寫研），後來「隨著時代變遷，改成可以透過電腦輸入的新黑體」。追尋著這些設計和字體的變遷，可以一窺時代背景。

現

以內照式站名牌的情況，
若使用「新黑體 M」，光一照字就會糊掉，
所以採用「新黑體 DB」。

東京都交通局 總務部 客戶服務課 報導負責人
齋藤慎太郎先生

作者碎碎念　筆者發現自己在中學時期，竟曾在網路上跟東京都交通局的齋藤先生（鐵道迷）交流過！從那之後過了將近20年，意外地和本人面對面！

指示牌位於視線前方。

列車進站標誌通常會設置在月台上方，與線路呈垂直方向；大江戶線則是跟站名牌合為一體。這個型態是考量到乘客等車時的視線大多會朝向線路，可說頗為實用。而談起乘客的「動向」，自然也不能漏掉地面標示。據說在設計這些地面標示時，曾採納各站站務員的意見，並由東京都交通局的職員實際前往現場確認、研討。

將乘客的「動向」列入考量。

HIKARIGAOKA

東京都交通局
電車部 營業課
設施改良調整負責人
大島英明先生

我們會親自前往現場，
以求改善車站環境。

UENO-OKACHIMACHI

TOCHOMA   OEDO LINE

SHINJUKU   KACHIDOKI

ROPPONGI

再度重現過往。

復刻站名牌。

官方重現站名牌！

　　為紀念淺草線全線開業50週年、三田線開業50週年、新宿線開業40週年的盛事，2018年11月至2019年1月期間，在西馬込、高島平、東大島這三站，設置了重現甫開業時設計樣式的復刻站名牌。東京都交通局電車部的山越先生説，製作這些復刻站名牌時，是翻找出開業時有拍攝到站名牌的照片放進電腦裡，再一字一字描圖製作而成。這跟鐵道文字迷所喜愛的「重現站名牌」是相同手法！某些照片並不是從正面，而是斜向拍攝，因此熬費工夫。

> 往後也會舉辦
> 許許多多的活動！

東京都交通局 電車部 營業課 營業推廣負責人
山越正廣先生

1975 年的都營淺草線東銀座站。左頁是指示牌翻新前,右頁則是翻新後。從原本的直書乘車月台指引、亮燈式列車進站標誌,轉變成了圖像型的路線圖和導覽圖。

照片來源 i Design inc.

資料來源 i Design inc.

1975年時的都營淺草線　路線圖製作資料

実籾

京成 大久保

京成 津田沼

谷津遊園

センター 競馬場前

京成 船橋

東中山

京成 八幡

市川真間

国府台

京成 小岩

京成 高砂

青砥

京成 立石

京成 曳舟

押上

本所吾妻橋

浅草

蔵前

浅草橋

飯座線へ　国鉄

国鉄へ

高輪台

五反田

戸越

中延

馬込

西馬込

泉岳寺

品川　国鉄

青物横丁

立会川

平和島

京浜 蒲田

横浜　国鉄 東横線 相鉄へ

京浜 川崎

神奈川新町

横須賀中央

汐入

追浜

金沢八景

金沢文庫

上大岡

国鉄へ

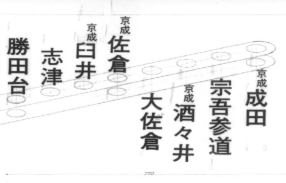

京成勝田台　志津　京成臼井　京成佐倉　大佐倉　京成酒々井　宗吾参道　京成成田

押上／京成線方面
（特急）（急行）停車駅案内

2

■日比谷線へ
■東西線へ
人形町　江戸橋　宝町

大門　新橋　■国鉄・銀座線へ

西馬込／京浜急行線方面
（特急）（急行）停車駅案内

1

北久里浜　京成久里浜　野比　京浜長沢　津久井浜　三浦海岸　三崎口

打了光更迷人。
相模鐵道
SAGAMI RAILWAY

車站標示

相鐵指示牌的高雅設計，令人心緒平穩。就算在通勤、上學的慌忙時段，內心也要能夠保有從容⋯⋯會想到這種事情，也算相當不同凡響。不過，之所以會帶有幾分優雅的氣息，關鍵就在於其「照明方式」模仿了鐵道發祥地歐洲的風格！

協助｜株式會社黎設計綜合計畫研究所
　　　相鐵控股株式會社

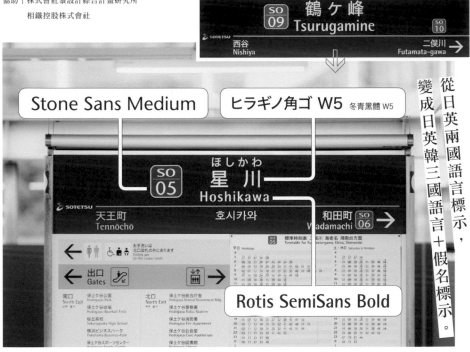

Stone Sans Medium

ヒラギノ角ゴ W5　冬青黑體 W5

Rotis SemiSans Bold

從日英兩國語言標示，變成日英韓三國語言＋假名標示。

透過間接照明來「觀看文字」。

　　談到相鐵的指示牌，就得講起間接照明。為何會採取這種形式呢？擔綱指示牌設計案，來自黎設計的赤瀨先生說道，「不是內照式的指示牌，表面就可以做成消光質感。從這種表面的外部打光，文字就會浮出來，看起來更有效果」。照明方式不同，也會使文字的樣貌產生差異。真是深奧的世界。

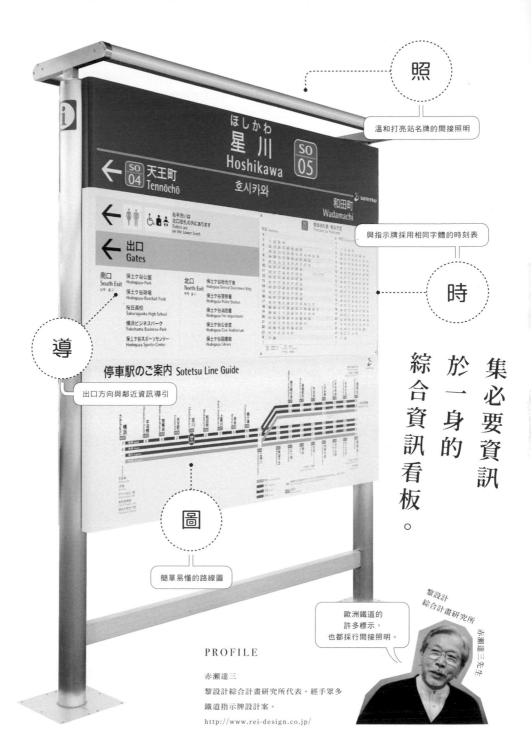

照

溫和打亮站名牌的間接照明

時

與指示牌採用相同字體的時刻表

導

出口方向與鄰近資訊導引

圖

簡單易懂的路線圖

集必要資訊於一身的綜合資訊看板。

歐洲鐵道的許多標示，也都採行間接照明。

黎設計綜合計畫研究所 赤瀨達三先生

PROFILE

赤瀨達三
黎設計綜合計畫研究所代表。經手眾多
鐵道指示牌設計案。
http://www.rei-design.co.jp/

設計的力量。

相模鐵道

SAGAMI RAILWAY

車身標示

相鐵走過 2017 年的創業 100 週年，包括 2019 年度下半年跟 JR 線展開雙向直通運行、2022 年度下半年（預計）跟東急線展開雙向直通運行等，一路持續蛻變。新型電車「YOKOHAMA NAVYBLUE」隨著這些蛻變登場亮相，充滿堅持的文字和設計，箇中皆有秘密！

協助｜相鐵控股株式會社

車廂編號

車籍編號

12001

車門警示貼助版

YOKOHAMA NAVYBLUE

帥氣電車上，寫著帥氣的文字。

中間連結器

數字是以德國道路標誌等處所使用的字體「DIN」為基礎，重新設計成原創字體。比較一下「1」的外型，就可充分理解兩者的差異。為什麼要重新設計呢？相鐵控股 經營戰略室的鈴木昭彥先生說，「對站務人員而言，碰到乘客把東西忘在○號車之類的情形，列車上的號碼將是相當重要的記號。為了讓數字更好閱讀，所以做了微幅修正」。

DIN

⬇

CAR NUMBER FONT

※ 請留意車門開闔。

ひらくドアにご注意ください

Stay clear of the doors

20000系

照片來源 相鐵控股

在相鐵DESIGN BRAND UP PROJECT中誕生的YOKOHAMA NAVYBLUE電車，不僅車籍編號和車廂編號，就連車門警示貼紙也有了新設計。強弱分明，簡約又摩登的設計，即使車內擁擠仍然格外醒目。

イワタゴシックオールド D 岩田黑體 OLD D

危険物持込禁止
No dangerous objects on train

事故防止のため
急停車することがあります
The train may stop suddenly in emergency

携帯電話はマナーモードに
設定の上、通話はご遠慮ください。
Please set your phone to
silent mode and refrain from making calls.

DIN Medium

留白之美。

統一字型尺寸。

相鐵控股 經營戰略室 鈴木昭彥先生

「在車內提醒人們留意的警示貼紙之類，往往會塞滿各種字句，或把文字本身放大以求顯眼。我們主要則是統一字型的尺寸，並確實留白，好吸引人們的目光。」經營戰略室的鈴木先生說道。警示貼紙的版面容易過於繁雜，在統一字型尺寸後，整體形象變得相當精巧。不僅如此，在白色調的車內，警示標語採用了對比的深灰色，因而更顯搶眼。

YOKOHAMA NAVYBLUE電車是如此美麗，就連各式標語都引人入勝。而擔任該電車的藝術指導的就是曾經手「熊本熊」等設計案，來自good design company的水野學先生等人。別說5年後、10年後，就連50年後、100年後都不會被流行所淘汰的普遍性設計，相信亦會使鐵路沿線變得更有價值。哪怕是非鐵道迷，也會對相鐵嶄新的未來萬分期待！

平沼橋站

相鐵藉由DESIGN BRAND UP PROJECT所推出的新面貌，可不只有電車。車站也在陸陸續續翻新當中。以深灰色為基調的車站建築和月台，屬於不受流行所左右的普遍性色彩，且兼具指示功能上的優點，可使月台邊的緊急停車按鈕變得更加顯眼。色彩的運用同樣有著確切意義。

有意義的灰色。

帥勁四射，難以抵擋！

THINKING
OF THE
NEXT CENTURY

亮麗而優美的指示牌。

筑波快線

TSUKUBA EXPRESS

協助 | 株式會社黎設計綜合計畫研究所
　　首都圈新都市鐵道株式會社

2005 年開業、相較新穎的筑波快線，帶給人頂尖鐵道的強烈印象，就連指示牌都走在時代最尖端。細膩的用心提升了完成度，為所有人溫柔指引。究竟怎樣才算易讀的指示呢？另外我也詢問包括指示牌、車輛的色彩為何都是紅與紺的搭配。

> 美到破表，感動也高潮迭起
> ……八潮迭起！

Rotis Sans Serif Light

新ゴ M　新黑體 M

三郷中央　Misato-chuo　やしお　08 八潮　Yashio　07 六町　Rokucho →

Rotis Sans Serif Bold

亮麗而高雅。

　　站名牌亮麗的紅色，一見就難以忘懷。在大膽用色的同時，和文、歐文字體「Rotis」偏細的美麗線條，以及最小限度必要元素的簡約構成，為整體營造出了高雅氣息。標誌系統採用與車輛一致的色彩計畫，具有和諧感，宣示著這是一條新時代的鐵道，而永不退流行的普遍性設計，更是融入了生活之中。車站編號往往容易給人一種後來才加上的感覺，能將這部分也納入設計範疇，實在相當出色。

明晰呈現 必要資訊。

區隔開來，簡單易懂。

「日語標示或英語標示⋯⋯人只會選其中一種
來看，所以在和文跟歐文中間插入一條線，讓人意
識到自身所要閱讀的區塊，而能清晰辨認出必要資
訊。」負責指示牌設計案，黎設計的赤瀨先生如此說
道。在標示牌受限的範圍內，該如何達成簡單易懂
的目標呢？畫一條線，給人的印象就大大不同。

赤瀨達三先生
黎設計綜合計畫研究所

形象色是
如何選出的呢？

談起筑波快線，自然就是紅與紺色。這套顏色不僅用
於指示牌，也會用在車輛上。最初究竟是怎麼決定的呢？
赤瀨先生說：「紅代表著筑波的活力，紺則代表著鐵路的
可靠性、安全性。沿線有很多綠意，因為想配上最令人印
象深刻的鮮豔色彩，所以拿了實際拍攝的沿線照片，疊上
各式各樣的顏色來考量。」正所謂「百聞不如一見」啊。

照片 ほじん／stock.adobe.com

站名牌化身 LOGO。

東急電鐵

TOKYU RAILWAY

池上線 戶越銀座站

戶越銀座以全長約達 1.3km 的長長商店街而聞名。戶越銀座站就位於商店街的中心位置。使用大量木材的站體古色古香，並搭配具現代感的凝練文字。乍看形象稍有不同的搭配，還有如商號般的標誌都很出眾！

協助｜氏設計株式會社
　　　東京急行電鐵株式會社

屋頂和標誌的美妙關係。

配合站體屋頂的形狀，標誌也有三角形屋頂！

「生活名勝」的「設計」名勝！

往五反田方向的驗票閘門

翻新成木造建築

戶越銀座站很適合扮演戶越銀座商店街的門戶車站。2018年時翻新車站建築，保留既有站體的氣息，並活用「木材」元素。同時也設置了時髦的「LOGO站名牌」。

和風摩登的氣息！

往蒲田方向的驗票閘口

作者碎碎念 我以前就住在池上線石川台站的附近，而選擇石川台的理由，是因為我本身就姓石川。

古雅車站建築，搭配摩登文字。

其實門簾上標誌的指向，也配合屋頂形狀上下翻轉。

KAMATA

氏設計 前田豐先生

「戶越銀座站」的和文及「TOGOSHIGINZA STATION」的歐文，全都是原創字體。站名牌不使用既有字型，而選擇用造字方式與不鏽鋼材料相輔相成，帶出現代感的精巧形象。不同於站體和標誌的古雅氣息，站名牌以摩登設計打造LOGO，孕育出「戶越銀座站蛻變重生」的意象。帶點個性的文字造型，目標亦是要讓人「一看過就難以忘懷」。古色古香的站體不使用典雅文字，而是搭配相反的元素⋯⋯正如糖醋配鳳梨那般美味！

讓乘車更歡樂。

湘南
單軌電車

SHONAN MONORAIL

湘南江之島站

協助｜氏設計株式會社
　　　湘南單軌電車株式會社

站名牌可不只能夠傳達站名。湘南單軌電車的設計實在「歡樂」，每站 4 個站名牌的背景插圖各不相同，讓看到的人雀躍不已。相信人們從步下列車的瞬間開始，就能感受到江之島的氣氛。懸吊式單軌電車相當特殊，站名牌同樣別樹一幟。

DIN Rounded Medium

新丸ゴ M 新圓黑體 M

好、好可愛！

簡直就像主題樂園！

其實全是手工繪製。

保留而非去除。

2018 年，配合湘南江之島站的翻新，融入江之島風光的指示牌登場亮相。插畫師久村香織小姐以全面手繪，打造出簡樸溫煦的插畫。設計該指示牌的前田先生表示，「插畫上面還必須呈現站名之類的文字資訊，所以我請插畫師盡可能在畫面中創造留白。手繪獨有的紙質跟凹凸、邊緣的模糊都直接拿來活用，沒有去除」。在數位時代，這些東西顯得更有價值了。

PROFILE

前田豐
氏設計代表。除了湘南江之島站，亦經手商業設施等處的指示牌。
http://ujidesign.com/

前田豐 先生

041

為了看起來更自然。

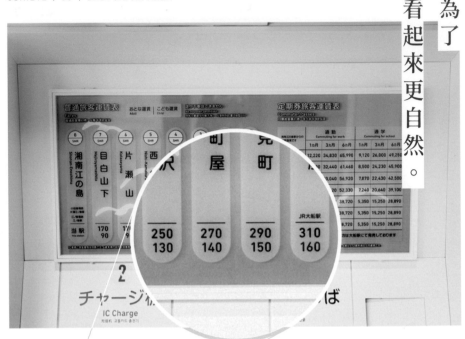

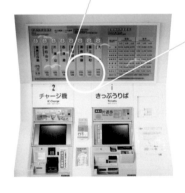

調整數字的間隔。

　　背景的美妙插畫自是當然，文字方面也藏有堅持。讓我們聚焦於票價表的數字。票價表乍看似乎沒什麼特別之處，但其實每個數字的文字間距都經過調整，也就是字距調整，以求看起來更自然。下圖的「270」跟「140」，左側「未做字距調整」，右側則跟票價表一樣「做了字距調整」。文字寬度較窄的「1」，如果不調整字距，「1」跟「40」之間就會產生留白，看起來很不自然……。

這事情
是有點瘋狂啦
（笑）。

270
140

270
140

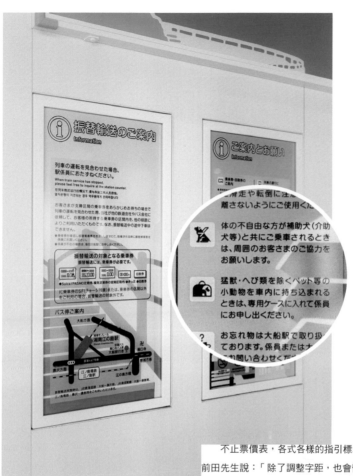

不止票價表，各式各樣的指引標示也都用心入微。設計師前田先生說：「除了調整字距，也會留意換行位置，想辦法讓文章讀起來更自然。」平常人們隨意看著的一張張指示牌，都施加了細膩的調整。這正謂是「專家」之舉！

- -

夢幻的「江之島海岸站」。

　　左圖是 1970 年，大船～西鎌倉區間開業時的乘車月台號碼指示牌。現在的終點是「湘南江之島」，圖中的「江之島海岸」看起來不太習慣。當時預計線路往西鎌倉以南延伸後，在比現今更接近海岸的地方建置「江之島海岸」站；但幾經波折變成了現今的位置和名稱。因此是夢幻的站名。

活用過往的資產。

湘南
單軌電車

SHONAN MONORAIL

商標設計

這組文字商標以簡單明朗的「M」字標誌，搭配既現代又令人有些懷念的「湘南單軌電車」字樣。文字造型跟單軌電車穿梭陡峭地形的速度感也很般配，是能夠感受到對於沿線的了解與愛意的出色設計。

協助 | Superelement
　　　湘南單軌電車株式會社

設計是在「解決問題」。

自 1970 年開業以來，湘南單軌電車首次翻新了 LOGO（企業識別，Corporate Identity [C.I.]）。2018 年全新登場的文字商標，承襲過往韻味，同時也蛻變成具現代感的精練設計。並不是全部打掉重做就叫做好。該留則留，該變則變。之所以說設計是在「解決問題」，相信真諦就在此處。湘南單軌電車全新的文字商標，此後也會持續受到在地的喜愛。

改變，
但不過度改變。

過往的文字商標有著一些問題，諸如線條寬度和文字大小各有差異、「モ」字看起來比較大等。這次在設計時一項一項地解決負面元素，打造出整體均衡……。新舊商標的比較，請見 P46。

好的東西不必改掉，而是當成資產來活用。

設計師 中野健太先生

PROFILE

中野健太
執掌 Design Studio
Superelement。
平面設計師、藝術指導。
http://super-elm.com/
Twitter @super_elm

湘南モノレール

BEFORE

AFTER

湘南モノレール

散發人性，容易親近。

　　請比較一下上圖的2個文字商標。乍看好似一模一樣，其實下側的文字商標改成了圓角。中野先生說：「我沿襲先前文字商標的圓潤感，希望能散發更多人性、避免太過尖銳，所以把轉角做成圓的。」造型不致過度缺乏生命感，又很摩登。感受得到之中有「愛」。

秘藏資料！
將單軌電車（Monorail）的頭首字母「M」化為圖像，商標草案大公開！

也曾有過
這些構想。

作者碎碎念　中野先生所穿的千代富士黃色夏威夷襯衫，完全打中筆者的喜好！棒呆啦！

現階段文字商標

78.69°

湘南モ

比較

湘南モ

新文字商標

140° 78° 40°

湘南モ

45° 60° 100°

1.15a 1a 1a 1c 1.25c 1c 1.0725c

0.85a 0

湘南モ

1b 1.25b 1.25b 1.25b 1d 1.2d

湘南モ

新舊
文字商標的
進化與比較。

【問題】

・整體的線條寬度、文字大小各有不同
・「湘」字中的「木」很沉重
・「南」的身高太矮
・「モ」字較其他字巨大且沉重
・各字的傾斜角度非整數

37.5°   30°   70°

30°

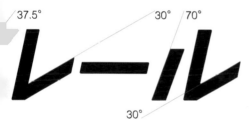

【改善重點】

調整線寬，達成視覺均衡。
整體角度傾斜0.69°，
呈現更強的速度和飛奔感。
在線條過粗而顯得沉重之處，
加入切痕等微調。
保留現階段文字商標的韻味，
重新分解、整頓、微調，
改善整體比例，
升級成更具安心與信任感的
現代性商標。
就算縮到最小尺寸觀看，
文字重量上的凌亂感也已消除，
形象變得清爽許多。

1.4e

1e

1d   1.075d   1d

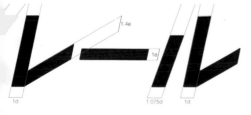

湘南モノレール

湘南モノレール   NEW

資料來源 Superelement

海濱的線條。

橫濱
海岸線

YOKOHAMA SEASIDE LINE

橫濱海岸線除了可前往八景島海島樂園，更在沿線上班、上學的通勤需求中扮演要角。清新的標示牌如同路線名，呈現出座落於海濱的概念，之中充滿令人驚奇的秘密。

協助｜ i Design inc.
　　　株式會社橫濱海岸線

Frutiger Bold Condensed

因應站名的長度。

　　海岸線指標系統的標準字體，和文採用「新黑體」、歐文採用「Frutiger Condensed」。為何會選擇使用文字寬度較窄的壓縮體（Condensed）呢？我試著詢問該指示牌設計案的負責人——i Design inc.的堀口先生。「海岸線包含了產業振興中心站、海之公園南口站等等偏長的站名，從一開始就採用壓縮體，能有效運用版面」。因應站名的長度，字體的選擇也有所不同。

(14) 金沢八景
Seaside Line
Kanazawa-Hakkei

為何使用色條？

各種指示牌上頭的色條樣式，是呼應當地球團「橫濱DeNA海灣之星」制服的設計。真不愧是海濱的自動電車輸送系統！

橫濱，在地

也注重「光線」。

內白、外紺。

i Design inc. 堀口仁美小姐

基本上指示牌的設計都是以紺色底白色字為基礎，但在月台上的站名牌、路線圖，色條樣式的顏色卻是翻轉過來，以條紋白底配上黑字。到底怎麼會有這種差異呢？i Design inc. 的堀口小姐說：「月台（室內）無論如何都比較容易變暗。因此使用白色而不是紺色，來創造少許明亮的感受。」跟一般鐵道相比，設置全高式月台門的月台，外部光線會較難進入。在色彩使用上，也必須留意空間的情況。

作者碎碎念 海岸線的「市大醫學部」這個站名，是不是很帥氣？是不是讓人想大聲喊出來？

一直都 好喜歡 指示牌

＃ 1

愛和行囊皆沉重。

回顧過往，或許我從童年時期，就已經愛上了鐵道的文字和設計。常有人問我「為何會成為鐵道文字迷」，我的回答常常是「學生時期我在車站打工，發現眼前的站名牌，明明跟隔壁站名牌有著同套設計，字體卻不一樣，於是就調查了起來」。但要說在那之前完全沒有興趣，卻也不盡然。追本溯源，筆者從約3歲還住在東京杉並區時，就已經對行駛於自家附近的JR中央線201系電車上頭標示著「特別快速」、「中央特快」、「青梅特快」等車種類型的文字感到著迷，可以說，在圖畫本上模仿描繪才算是真正的「起始」。

順帶一提，雖然令人惋惜，在JR中央線上行駛的橘色201系電車，已在2010年功成身退。一直到大概1992年之前，用的都還不是電照式的車種牌，而是在車廂前頭插上寫有車種的板子。我還清楚記得，由於插入口的形狀長得很像「豆」字，「豆」就因而成了我第一個會寫的漢字。講起這段故事，大家可能會佩服「還記得真清楚耶」，但我也不知為何童年時期的記憶明明如昨日般鮮明，昨日發生的事情卻一點也記不起來……。晚餐的菜色、跟編輯約好的交稿時間，也都……。沒錯，就連這篇專欄，我也是到了最後校對的前一天才在寫。

現在像這樣寫著專欄，也覺得很不可思議。我不知不覺喜歡上鐵道的文字和設計，不知不覺開始查資料，不知不覺開始整理，不知不覺開始發表……原本是因為興趣，回過神來卻變成了工作。當然筆者還是有平面設計師這個本業，但我已經不會給人那種印象了。所謂的平面設計師，應該是要更時髦、更時髦、更時髦，兩手空空幾乎沒半點行囊地搭乘地下鐵千代田線，前往跟赤坂站相連的辦公室才對。辦公室在汐留也不是問題。可是我卻是背著超有分量感的大型後背包，穿著不曉得哪裡有賣（在中野有賣）的奇怪連帽上衣，左顧右盼地走在路上，那模樣不論橫著豎著看，都太不像個平面設計師了。超有分量感的大型後背包……明明單純寫成笨重背包就可以了，卻一定要寫成「超有分量感的～」。無論什麼事總要在句末加個「感」，或許可說是創意類職種所容易染上的職業病。但比起這種事情，光從輸入時會誤將「職種」打成「觸手」（日語發音相同），便可窺見筆者歪斜的思維，實在丟臉。

閒聊結束，來談談鐵道文字的話題吧。我經常會把相機帶在身邊，以便隨時遇見感興趣的鐵道指示牌，就能夠記錄下來。尤其本書的取材期間，就算是私人行程，我也經常帶著單眼反光相機走動。當然用智慧型手機也可以，但既然都要拍攝，我還是希望活用單反所獨有的散景效果，留下漂亮的高解析度影像。後背包會重，就是因為這樣。近年來無反光鏡相機漸漸崛起，相機也一再往小型輕量化發展，但筆者該說是個保守的人嗎，非得拿一路使用至今的全片幅單眼相機才覺得滿意，基本上也都愛用定焦鏡頭。所謂定焦，就是無法變焦的鏡頭，乍聽好像很不方便，但定焦鏡頭也有一種獨特的「光線感」，只消體會一次，就再也回不去了。舉例而言，下圖的越前鐵道三國港站，就是用定焦鏡頭所拍的照片。或許正因為這項堅持，我的後背包老是重得可以，尤其在為了取材遠征之際，一台單眼反光相機配上4顆鏡頭，再來一台拍風景照的連動測距相機跟它的1顆鏡頭，合計2台相機、5顆鏡頭，我會像是頭殼壞去一樣，扛著這些裝備在全國趴趴走。但我想為喜歡的東西留下美麗的紀錄。既然是為了最愛的指示牌，帶這麼多行囊也不算苦——我總一邊這樣告訴自己，一邊一股腦地向前行……。而或許是出於行囊沉重所造成的疲憊，我在搭乘新幹線時，也常會不小心把錢花在綠色車廂上，「走在時代尖端的雜誌」早已不曉得讀過了多少回……。事情就是這個樣子，因此在閱讀本書時，除了內文之外，也誠心期待各位能夠多多欣賞照片。

TOEI SUBWAY SERIES 5300

嘿 嘿

請 開 示 !!

幕 後 推 手

MOSHI MOSHI OSHIETE!!
NAKANOHITO

為何會
採用某種字體、某種設計呢？
讓我們來問問鐵道公司職員和設計師。

中日本篇 CENTRAL JAPAN AREA

用五感體會，木製指示牌。

越前鐵道

ECHIZEN RAILWAY

福井站、新福井站、福井口站

協助 | FUJIFILM Imaging Systems 株式會社
株式會社八島設計事務所　METROPLEX
越前鐵道株式會社

木製標牌搭配浮凸文字。每個指示牌各不相同的木紋象徵著「真材實料」。使用木頭、讓文字立體呈現，其實全都有其意義。經過計算的細膩堅持，就連新站體也理所當然地做好萬全準備！這就是越前！

形　數字形狀令人印象深刻

材　跟車站建築很協調的扁柏材質

色　不過度強調的細緻色彩

間　文字間距配合站名的「發音」

影　從立體字的陰影能感受到材質和天氣

たづがね角ゴシック Heavy 翔鶴黑體 Heavy

Akko Medium

E2

新福井

しんふくい

SHINFUKUI

福井
FUKUI

Vaud Extra Bold

　　福井、新福井、福井口等3處新站體在2018年完工，站內設置了日本國內罕有前例的木製指示牌。「福井站的新站體是運用木材打造的建築，為了讓指示牌跟周遭環境更加協調，而使用了扁柏板材。」替這3個站點設計指示牌的八島設計事務所八島紀明先生如此說道。光是木製指示牌就已經很罕見，實際上就連文字和藍、黃色條都做成了立體造型。「從文字和色條的影子可以讓人察覺到木頭的存在，像是一早陽光灑落的時候，氛圍也變得完全不一樣」。立體造型亦可發揮效用，使指示牌更容易閱讀。用立體而非平面的方式來思索事物……這可是一種生活態度！

氛圍會因時間、因天氣，有所變化。

對文字宅而言，「翔鶴黑體」跟「Akko」的搭配實在棒、到、翻！

好想放在家裡當擺設！

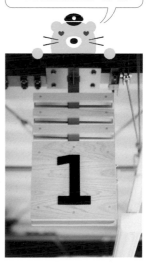

只為了讓人好好唸成「FUKUI（福井）」。

字距調整，是愛。

嘿嘿
請開示！！
設計師

越 前 鐵 道
福井站、新福井站、福井口站
指示牌設計

八 島 紀 明 先生
TOSHIAKI YASHIMA
八 島 設 計 事 務 所

「翔鶴黑體」跟「Akko」的字體組合，凡是文字宅都會興奮到不行，在向八島先生請教文字的話題時，我的嘴角也一直上揚著！

字體搭配、文字色彩，所有的一切都相當協調。

石川 包括站名牌在內，諸如乘車月台指引之類的指示牌字體，是用什麼標準選出來的呢？

八島 我請了擅長鐵道圖像設計的伙伴來支援這次的工作，當時我提的條件是，像1號線、2號線這些標示的字體，必須能夠讓人印象深刻。為什麼會這樣要求呢？例如「3」跟「8」的形狀就很相似吧？「3」做成立

PROFILE

八島紀明

畢業自夏威夷的州立高中，後赴法政大學攻讀法律，繼而於飯店任職。改行當設計師後，主要在各種指示牌設計案中大顯身手。

照片來源 八島設計事務所

福井新站體

配合著北陸新幹線的建設工程，福井新站體在2018年開始啟用。大量運用木材的建築物，出自曾經手JR高知站、港未來線馬車道站等的內藤廣建築設計事務所之手。這種車站，讓人好想住進來！

用實物尺寸，做現場調查

照片來源 八島設計事務所

照片來源 八島設計事務所

體之後，有時看起來也很像「8」，所以我才會想把「3」做成上半部沒有圓角的「3」。其他包括「7」有時也會看成「1」，所以才會要求在「1」的下方加橫線，變成「1」。

1738 1738

石川　文字是立體的，代表有考量到影子之類的事情，對嗎？

八島　沒錯。這組數字使用了名為「Akko」的字體。製作這套字體的人，是我相當尊敬的字體設計師小林章（KOBAYASI AKIRA）先生；站名牌上使用的「翔鶴黑體」，也是由他製作的。「Akko」跟「翔鶴黑體」都出自小林先生的團隊之手，所以我才會覺得這個搭配或許不錯……。我跟剛剛提到的夥伴在探討哪種字體會跟站名牌的「翔鶴黑體」比較調和的時候，也曾經得出「Akko」這個結論。

石川　我記得「Akko」這個名稱，是取自小林章先生姓名的字首縮寫……。

八島　沒有錯。我第一次碰見知道「Akko」由來的人（笑）。

石川　我對字體是有一點痴狂（笑）。仕「翔鶴黑體」一釋出的瞬間，我就全套買下來了喔。

八島　總覺得我們超級合拍的（笑）。

石川　這次工作是由八島先生主導，設計師夥伴也有參與對嗎？

八島　我覺得設計真的是種團隊工作。這次也請到女性來協助，根據她的意見，指示牌上除了越前鐵道的顏色（藍、黃）外，在文字裡也摻了一點茶色。女性對顏色的感受比男性還要細膩。

石川　確實如果全黑的話，整體就會太強烈之類的……。

八島　就是這樣。還有如果仔細觀察站內的管線，與其說是深咖啡，其實是稍微偏茶色的喔。所以也會考量這類因素來挑選適合的顏色。

石川　與車站建築相互配合的不只站名牌的材質，還包含字體搭配、文字的顏色等，全部都很協調呢。

希望乘客怎麼讀？

石川 我想字體本身當然重要，但文字跟文字的間距也很關鍵。以站名牌為例，偶爾會看到有些站名牌上的字距會依站點各有不同，有些則是2個字跟5個字都採用相同字距。不過這次的情形是，「ふくい（福井）」之間的字距稍微拉大，「しんふくい（新福井）」跟「ふくいぐち（福井口）」則排得緊密一些。我認為是因為如果把「しんふくい」這5個字的字距直接套用到3個字的「ふくい」上，文字就會過度靠向中央，所以透過字距調整來解決這個問題。像是這類整體留白、比例的設定，在設計時也都經過考量嗎？

八島 沒有錯。站名牌兩側的留白也有考量進去。我們員工（對於字距調整）可是非常嘮叨的喔（笑）。字距調整有個「3字一組」的基本規則，首先以3個字為單位檢視，再逐步把各組

文字拉近或排開。一開始有可能會抓不到感覺，等開始習慣後就可以靠自己辦到了。在那之後就會慢慢領會到，自己希望乘客對此產生怎樣的感受。調整字距真的是一種愛。是希望乘客閱讀成「ふ」、「く」、「い」，還是「しんふくい」呢？還有在用聲音表達的時候，對方又會怎麼讀出來呢？這些都要去思考。

石川 念出來的節奏，也是字距調整的一種考量？

八島 沒錯。接著就是跟整體間的比例。假如文字全擠在一塊，就不會想讀它了吧（笑）。「對方會怎麼想」，在設計的同時都會思考這類事情。

眾所喜愛的指示牌。
越前鐵道
ECHIZEN RAILWAY

田原町站

協助 | GOOD MORNING
越前鐵道株式會社

從來沒有看過這麼可愛的站名牌！就像漫畫裡的對話框……不，應該說田原町站的站名牌，就長成了對話框的模樣。2016 年翻新的車站建築，除了站名牌外，還有一堆超級可愛又繽紛的指示牌。可愛就是正義。

三田村敦先生 設計總監

街坊群眾雲集的車站。

中學、高中、大學，還有劇場。從大批群眾熙來攘往的街坊文化，發想出對話框造型站名牌這個點子的人，是在地設計師三田村敦先生。正因他一路看著當地街坊的成長，可說更具「說服力」。當然除了外型，字體也很值得矚目。

愛聊天的指示牌。

DIN Black

ヒラギノUD丸ゴ W6　冬青 UD 圓黑體 W6

Ｅ26 たわらまち

西別院　←田原町→　福大前西福井
Nishibetsuin　Tawaramachi　Fukudaimae-nishifukui

ヒラギノUD丸ゴ W6　冬青 UD 圓黑體 W6

照片來源 GOOD MORNING

就來做吧！

上圖是站名牌製作過程中的一景。材質是FRP（玻璃纖維強化塑膠）。「真的要這樣做嗎？就來做吧！」據說這在越前鐵道公司內部，也引發了相當正面的迴響。

田原町站的指示牌計畫概念是「愛聊天的指示牌」，刻畫著人們通勤、上下學，以及前往鄰近劇場時的熱鬧與歡欣。設計師三田村先生說：「它的意象是不只人們，就連電車也在對話。字體配合站名牌的外型，採用了氣氛柔和、可讀性高的冬青UD圓黑體。」文字的顏色也選擇茶色而非黑色，帶出溫柔的形象。

3 三国・あわら　方面
福井　方面

越前鐵道 L 型「ki-bo」

設計師
三田村敦先生

印象反而更沉穩。

車站建築是以杉木打造，為了營造整體感，乘車月台指引也使用木材。「在這個空間中，已經放了『對話框站名牌』這種氣勢強勁的東西，所以其他的部分就於考量材質感的同時，營造出整體沉穩的形象。」三田村先生說道。據說當時在設計性和維修性之間所做的取捨煞費周章。

越前鐵道 營業開發部
吉田周平先生

我們的車站。

「田原町站是許多學生族群所會使用的車站。相信大家未來都會踏出社會，有些人會在縣內工作，有些人則是前往縣外。我想不論哪一種人，都絕對不會忘記這套指示牌。偶爾回家的時候，看見這麼具有辨識度的指示牌，也會產生一種懷念的心情。另外，對我而言也成為了相當特別的東西。」

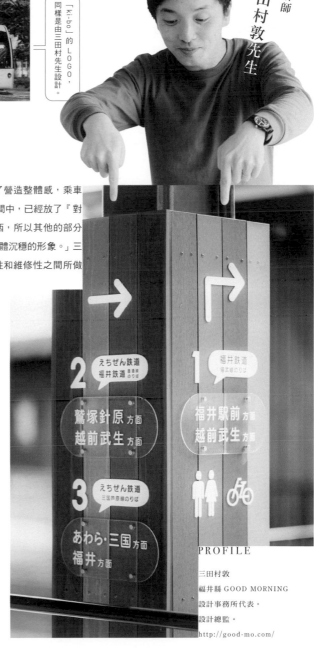

PROFILE

三田村敦
福井縣 GOOD MORNING
設計事務所代表。
設計總監。
http://good-mo.com/

使用字體
線路標示：Century Gothic R 改
文字資訊：冬青 UD 圓黑體 Std W6

DIC-312

DIC-2538

DIC-579

たわ

西別院　← 田原

Nishibetsuin　　Tawara

1800

線路標示　網版印刷或使用卡典西德貼紙。導圓角，營造溫和氣息。尺寸於現場確認。

DIC-312

2 鷲塚針原方面
越前武生方面

在此範圍內導圓角

平面

截面圖

90

615

まち

→ 福大前西福井
Fukudaimae-nishifukui

220

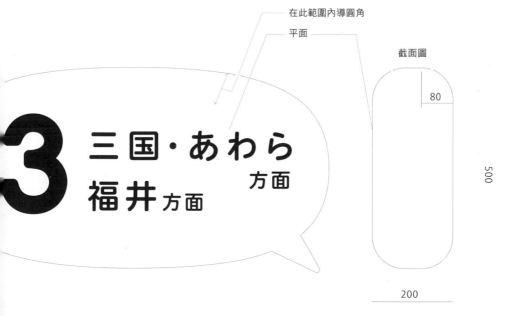

在此範圍內導圓角

平面

截面圖

80

500

3

三国・あわら
方面

福井 方面

200

懷舊又可愛。
越前鐵道
ECHIZEN RAILWAY

福井縣坂井市內各站

協助｜伊藤達雄
越前鐵道株式會社

三國蘆原線在太郎丸天使樂園～大關站、水居～三國港站等位於福井縣坂井市內的站名牌上都加入沿線風光的插畫，設計得相當可愛。微具性格的字體，亦散發著非機械性的人性溫度。這是在地的「驕傲」。

溫柔而溫暖的站名牌。

使用「筑紫 B 圓黑體」的站名牌相當罕見！

DIN Black

筑紫B丸ゴシック B　筑紫 B 圓黑體 B

FOR FUKUI

越前鐵道 營業開發部
吉田周平先生

PROFILE

伊藤達雄
設計師。除站名牌外，
亦經手越前鐵道的 LOGO、
企劃展等海報設計。

http://ixdesignitou.wixsite.com/base

設計師 伊藤達雄先生

插圖動起來了！

站名牌插圖中的電車在各站設計於不同位置。在真實電車行駛時，插圖也會漸漸改變。可以一眼看出自己現正位在哪一帶。

NISHINAGATA YURINOSATO

OZEKI

MIKUNI

FOR MIKUNI MINATO

字體令人懷想故鄉。

　　「我原本就是出生在設置這些站名牌的坂井市，在思考在地形象的時候，我認為帶點鄉愁，或說會讓人想起故鄉的字體會比較好，所以選了筑紫B圓黑體。最開始大概有3套候選字體，但黑體類或勁帥的字體，總覺得不是很搭。」設計坂井市內站名牌的伊藤達雄先生說道。「筑紫B圓黑

體」既是圓潤的字體，又跟一般圓黑體不一樣，帶點老派氣味，可以完全無礙地融入沿線的風景。據說站名牌設置之後，也獲得了相當正面的迴響。廣受男女老少喜愛的站名牌，讓鐵道和街坊的羈絆更為加深。

作者碎碎念　採訪過程中，伊藤先生的笑話大爆發。超有親切感……。

一致感隨風撫來。

愛之風
富山鐵道

AINOKAZE TOYAMA RAILWAY

愛之風富山鐵道的字體和設計，感受得
出對地方的愛。原因並不在於無形中的
那股帥勁，其結合富山風土的商標、站
名牌、車輛，早就可以稱為這個縣的代
表性臉孔。推出整體統合的新形象後，
對鐵道、對地方的愛戀都跟著加深。哪
怕北陸冬季嚴寒也不必擔憂，愛最終必
會獲勝！

協助｜愛之風富山鐵道株式會社

既有字體（Folk） や

既有字體（Folk） 風

あいの風
とやま鉄道

Ainokaze Toyama Railway

商標的字體造型很有未來感，
呈現公司全新出發的感覺。

愛之風富山鐵道 負責人

字體也要細膩講究。
邁向未來的LOGO。

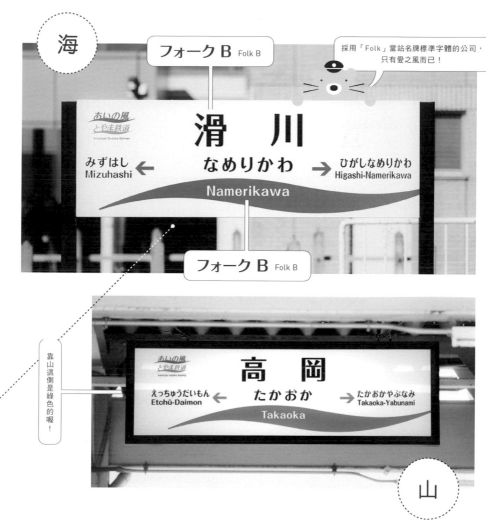

フォーク B Folk B

採用「Folk」當站名標準字體的公司，
只有愛之風而已！

靠山這側是綠色的喔！

品牌形象的視覺統一。

　　將LOGO、站名牌、車輛全數統一的美麗設計，看了心情就很愉快。愛之風富山鐵道表示，「我們從視覺上統一了品牌形象，以求增進旅客的辨識度。波浪狀的主題圖案，除了表現富山吹著輕柔、優雅又爽朗的風，同時也期望著旅客在搭車時能產生相同的心情」。站名牌所採用的字體「Folk」，無來由地使人感受到「風」和「清爽」，這跟波浪狀設計可謂是最佳搭配！在富山能夠遠眺日本海、立山連峰，而完美融入此番風景中的「Folk」和「波浪」，或許最能突顯該設計的本質。色彩也分成靠海側的藍色、靠山側的綠色，除站名牌外更活用在車輛上頭。將地區的大自然與設計結合……視覺效果無與倫比！

溫煦與沉穩。

靜岡鐵道

SHIZUOKA RAILWAY

協助｜株式會社黎設計綜合計畫研究所
　　　靜岡鐵道株式會社

靜岡鐵道雖是全長僅 11km 的小型路線，卻也是以高頻率運行的城際電車代表，連都會鐵道都得自嘆不如。全站統一的清爽指示牌是地方鐵道，不，要說是全國鐵道的模範也不為過。那已不僅僅是設計，就連站名的英譯都走在時代最尖端。

新清水駅 S 15
静岡鉄道
Shin-shimizu Station

イワタUDゴシック M　岩田 UD 黑體 M

しんしずおか　新静岡
Shin-shizuoka
→ 日吉町 Hiyoshicho
S 01　　　S 02

Lucida Sans Regular　　　Lucida Sans Regular

文字商標的搭配度也納入考量。

　　在地方民營鐵路的行列之中，靜岡鐵道坐擁著引以為傲的設計性，在鐵道文字愛好者之間，其指示牌也相當受到歡迎。「首先要讓指示牌容易閱讀，所以和文部分採用 UD 字體。至於歐文的字體，Lucida Sans 除了容易辨識跟閱讀外，也跟靜岡鐵道的文字商標很相配，所以決定採用。」負責指示牌設計案的黎設計綜合計畫研究所金子小姐如此說道。選擇字體時並不單只考量指示牌，包括既有文字商標的適配性，也一併納入評估。統合感因此而生。

黎設計綜合計畫研究所 金子由紀江小姐

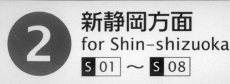

也要感受氣候。

　　讓人備感溫柔的指示牌，也可說是唯獨女性才做得出的設計。一般而言，出口（剪票口）的黃色都會覆滿整面指示牌；此處則採用白底，將黃色當成點綴使用。這是特意考量靜岡縣平穩的氣候所誕生出的設計。

請看看英譯。

指示牌跟電車都很「清爽」！

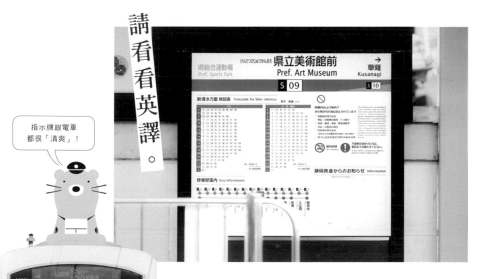

英譯很好懂。

　　靜岡鐵道指示牌上的歐文標示，是符合實際狀態的英譯。就好比「縣立美術館前」站就意譯成「Pref. Art Museum」，而不是單純音譯為「Kenritsu-bijutsukan-mae」。鄰近的「縣綜合運動場」站亦標示為「Pref. Sports Park」。這是根據日本2005年制定的《外客招攬法（外客誘致法）》所訂出的英譯。站名本身雖然是專有名詞，但若包含美術館、運動場等普通名詞，則要像這樣採取意義上更為好懂的英譯。

版面設計的新真相。

四日市
明日狹軌
鐵道

YOKKAICHI
ASUNAROU RAILWAY

四日市明日狹軌鐵道是軌距僅 762mm 的特殊窄軌（Narrow-gauge），在鐵道迷之間廣受歡迎，其指示牌的設計同樣備受矚目。兼具可讀性和設計性的個性風格，以及靠左對齊的文字配置。由近鐵廣告（AD KINTETSU）負責打造的這套設計不僅很時髦，在實用層面上亦其來有自。意想不到的新真相，讓人好吃驚!?

協助｜近鐵廣告株式會社
　　　四日市明日狹軌鐵道株式會社

UD新ゴ DB　UD 新黑體 DB

UD新ゴ DB　UD 新黑體 DB

海、河、天與自然綠意。

濃淡雙色藍加上一點線，四日市明日狹軌鐵道那時髦的指示牌配色，象徵著沿線的大海、河川、天空以及自然綠意。充滿個性，卻也簡單精巧的設計，搭配形象清爽的通用設計字體「UD新黑體」，真是絕佳組合！完全就是邁向「明日」的新穎指示牌。

恰似甜點。

可愛得

近鐵廣告
篠崎弘美小姐

PROFILE

篠崎弘美
近鐵廣告株式會社 中部分公司 交通
廣告事業部 設施課課長。除創意設
計、指示牌設計案之外，亦經手日本
中部地區之交通廣告等。
http://www.ad-kintetsu.co.jp/

　　包括乘車月台和出口的指引等處也都有效利用3種顏色來點綴。擔綱指示牌設計案的篠崎小姐說：「我覺得沿線豐沛的大自然會為設計加分。在地的民眾就算離開家鄉，談起家附近的地方路線時就會說起3色的色條，在想起沿線景色跟回憶的同時，腦中也會自然浮現這個標誌……我的目標是想做出有這種感覺的設計」。就像一輛小小的電車，是很可愛的風格。

文字對齊，功能分配。

四日市明日狹軌鐵道的站名牌最讓人在意的地方，莫過於文字為何會靠左對齊……。「設計上之所以靠左對齊，在右側留白，其實也是考量到未來可以在這裡加上冠名的公司名稱或設施名稱等等。」四日市明日狹軌鐵道 鐵道營業部的伊藤先生說道。活用留白是種設計性，放眼未來則具有實用性，可謂一舉兩得。

而在站名牌下半部的前後站標示，也有效提升了指示牌的完成度。篠崎小姐說：「鄰站資訊放在黑色塊裡頭，單純當成一種『引導』，以求跟上半部白底部分（當站資訊）分攤功能。刻意採用黑與白的對比，可以更強調當站的標示，乘客也就能夠順利找到需要的資訊，不會感到迷惘。」

這個「留白」是有意義的。

四日市明日狹軌鐵道
鐵道營業部
伊藤芳洋先生

也曾有過這種提案。

●月台站名牌（立牌）：（H650×W1180）

這是其中一款最終未被採用的站名牌設計。不同於現今靠左對齊的站名牌，除了字體置中之外，設計本身也遵循了近鐵線的樣式。此風格保留了四日市明日狹軌鐵道在悠長歷史中跟近鐵線的關連。在拍板前一共有4個提案，最後採納了現今的設計。

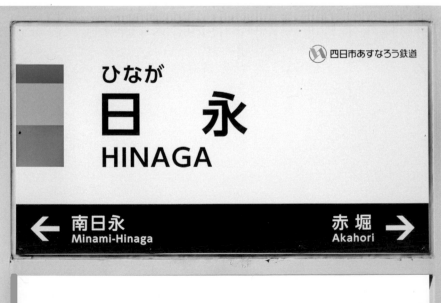

HINAGA STATION

一直都
好喜歡
指示牌

＃ 2

文字、設計、路線圖。

我想依循本專欄的標題「一直都好喜歡指示牌」，來談談稍早以前的指示牌。說句題外話，「一直都好喜歡指示牌」這句話模仿了筆者相當喜愛的電視劇，由佐野史郎主演的《一直都愛你》（1992年，TBS）。這齣戲劇最具象徵性的一幕，莫過於有著戀母情結的老公冬彥坐上兒童木馬，發出「嗯～」聲的著名場景。因此本專欄標題附近的設計，我本來想要做成木馬的意象，但木馬意外地難描繪，於是我跑去拜託擅長插畫的老婆說：「我把專欄的標題定為『一直都好喜歡指示牌』，希望妳能幫我畫個木馬的插畫。」結果卻得到「那個木馬最後不是飛走了嗎？」這種超乎想像的回應。我稍微想了一下木馬飛走到底是什麼情況，這恐怕是錯想成電視劇《十年愛》（1992年，TBS）裡頭，大江千里被快速旋轉的旋轉木馬給甩飛的場景了吧？「大江千里被快速旋轉的旋轉木馬給甩飛的電視劇」這種說明方式同樣有點失禮，但畢竟是出了名的「謎樣場面」，相信有一定年齡的朋友們必定懂

我的意思。講了這麼多，最後我既沒時間，也缺乏畫技，只好用冬彥的愛好——蝴蝶當作圖樣的意象，成為了現今的設計。

說了這麼多無關緊要的話，該談的是以前的指示牌。在P50的專欄當中，我聊到JR中央線201系電車的車種文字，是我成為「鐵道文字迷」的起點。接著我想談的不是文字，而是一些跟設計相關的事情。我可以斷言，我是因為營團地下鐵（現：東京Metro地鐵）丸之內線的500型電車，才對設計湧生了興趣。這個車型是以鮮紅車身配上白色線條與正弦曲線（波浪造型），如此鮮明的風格成為了我童年時期鐵道興趣的轉振點。如果不曾遇見500型電車，相信我對設計也就不會產生興趣了吧。此事不僅跟鐵道文字迷，亦跟筆者自身的職業——平面設計師有著關連。由於我是在東京杉並區出生的人，文字方面受到JR中央線201系，設計方面則受到地下鐵丸之內線500型，以及沿線鐵道的強烈影響，回頭想想也甚是有趣。我喜歡京急的其中一個原因，其實也是因為它跟丸之內線一樣是「紅色」的。巴士的話我喜歡關東巴士，當然也是因為它是紅的……。車身側面的英文字標示「KANTO BUS CO., LTD」也很帥氣。對了，關東巴士也有行經杉並區。

稍微跳脫指示牌的話題吧。因當時住處沿線的鐵道（還有巴士）而對文字跟設計產生興趣的石川少年，接著又被路線圖給迷住了。路線圖也是指示牌的一種，但正如路線圖有其

專屬的興趣者，箇中極為深奧。在如蛛網般彎曲交織的線條上，站名標示就像玩大風吹般搶奪著僅有的地盤。就算配置不可能符合實際的地理位置，經過精細審慎的設計處理後，整體圖像也沒有半點異樣感。尤其由黎設計綜合計畫研究所經手的舊・營團地下鐵的路線圖，要說是路線圖史上最精巧的設計也不為過，我從當時就喜歡得不得了。這次透過本書的採訪工作，我得以跟我所憧憬的黎設計綜合計畫研究所・赤瀨達三先生會面，這輩子想必都難以忘懷。

當然我也曾經模仿描繪過路線圖，也打造過原創的路線圖。在幼稚園時期，我記得的漢字之所以比同齡人還要多，或許就是因為我把全東京，然後全日本的車站漢字名稱，都寫進了圖畫本裡頭。這想必是「鐵道宅常有的事」。不過筆者的情形是有其擅長領域，同時也有許多極不擅長的領域……講白點，除了鐵道、文字、設計以外的一切，我幾乎都不擅長。因此一般念個3年就該畢業的高中，我卻念了整整4年……話雖如此，也很難說自己擅長設計。我這個人除了不適應社會，還有著社交障礙。這次為採訪而拜訪了各式各樣的鐵道公司和設計公司，仔細想，還真想稱讚自己一番……。不過，聽了採訪時所錄下的音檔，我大致上卻都只是在講著「哦」、「嗯」、「咦」，在對話的互動上大有障礙。我hen難過。

3 三国・あわら 方面
福井 方面

ECHIZEN RAILWAY TAWARAMACHI STATION

嘿嘿
請開示!!
幕後推手

MOSHI MOSHI OSHIETE!!
NAKANOHITO

為何會
採用某種字體、某種設計呢?
讓我們來問問鐵道公司職員和設計師。

壓倒性的一致感。
京阪電鐵
KEIHAN RAILWAY

協助 | GK Design Soken Hiroshima
京阪電氣鐵道株式會社

京阪的標誌系統是關西，不，哪怕說是日本第一也不為過。究竟在什麼地方日本第一呢？那就是令人下巴掉下來的一致感。毋寧說驚訝過了頭，反倒有點擔心……。連、連這種地方都如此一致！每回搭乘京阪，總會對指示牌產生諸多發現。這種愉悅感，請各位也來沉醉一下！

新ゴ M　新黑體 M

Frutiger Bold

Frutiger Bold

為指示牌而生的搭配。

　　「新黑體」跟「Frutiger」具有壓倒性的一致感。京阪的指示牌用這一句話即可道盡。不僅站名牌、乘車月台指引，就連垃圾桶以至於自動販賣機，全數經過統一。「新黑體的肚圍寬、字面大、視覺辨識度佳。而Frutiger則是為法國戴高樂機場指示牌而生的字體。兩者都是相當易讀的字體，總覺得或許是最佳搭配就採用了。」負責此指示牌設計案的GK Design Soken Hiroshima如此表示。這正謂是「為標誌系統而生的一組搭配」。

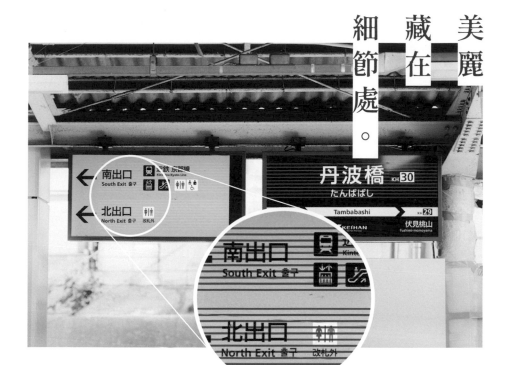

美麗
藏在
細節處。

結構分兩層，
條紋就兩層。

在丹波橋站、枚方市站等部分主要車站，站名牌和出口指引會並排設置，且都運用了京阪指示牌蔚具特色的條紋設計。仔細觀察，由2層所組成的出口指引，條紋也配合著分成上下2層。好細膩！但這種細膩令人好生欣賞！

從 2008 年中之島線開張前，就開始陸續更換。

京阪電鐵
營業推進部
石丸勝博先生

變了，卻也未變。

包括鴨東線等，除中之島線以外的地下車站區間，在軌道牆面上都設有條狀的站名牌。這跟地面車站區間可見的標準型設計雖然不同，但仍透過「新黑體」、「Frutiger」的搭配來維持所有車站的一致感。在標誌系統的領域，字體統一是其中非常重要的一個元素。

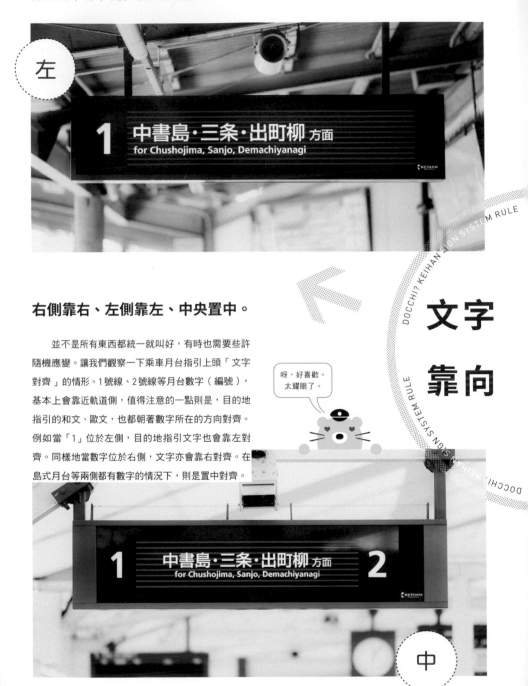

左

右側靠右、左側靠左、中央置中。

並不是所有東西都統一就叫好，有時也需要些許隨機應變。讓我們觀察一下乘車月台指引上頭「文字對齊」的情形。1號線、2號線等月台數字（編號），基本上會靠近軌道側，值得注意的一點則是，目的地指引的和文、歐文，也都朝著數字所在的方向對齊。例如當「1」位於左側，目的地指引文字也會靠左對齊。同樣地當數字位於右側，文字亦會靠右對齊。在島式月台等兩側都有數字的情況下，則是置中對齊。

呀，好喜歡。太耀眼了。

DOCCHI? KEIHAN SIGN SYSTEM RULE

文字
靠向

中

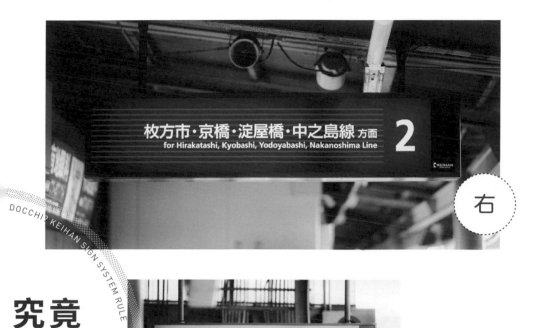

右

究竟
何方!?

不僅乘車月台，出口指引也是一樣。這個案例的文字不是以數字為基準，而是對齊箭頭。而沒有箭頭的時候，則會置中對齊。跟事事過分講究的人結婚或許有點那個；但若是跟過分講究的指示牌結婚，我覺得可以。

ELEGANT SALOON 8000

特 急
Limited Exp.

淀屋橋
Yodoyabashi

牌

目的地也
統
一

GATAN
GOTON

路線牌、LED顯示幕都一致！
目的地也跟指示牌使用相同字體。

　　徹底運用「新黑體」、「Frutiger」的範圍並不限於車站的指示牌。在列車的路線牌、LED顯示幕上同樣使用了「新黑體」和「Frutiger」。特別值得矚目的是LED顯示幕：在受限的點狀光源中，忠實重現出這2種字體。擔綱車站與列車指示牌設計案的GK Design Soken Hiroshima表示「LED部分是使用圖像資料」。將2種字體化為圖像，再以LED顯示……竟然堅持到這種程度！

在列車行駛於橋葉站（大阪府）與橋本站（京都府）之間時，
LED 顯示幕會切換顯示的內容，像是
自出町柳開往淀屋橋的列車會從「大阪淀屋橋」改為「淀屋橋」；
自淀屋橋開往出町柳的列車則從「京都出町柳」改為「出町柳」。

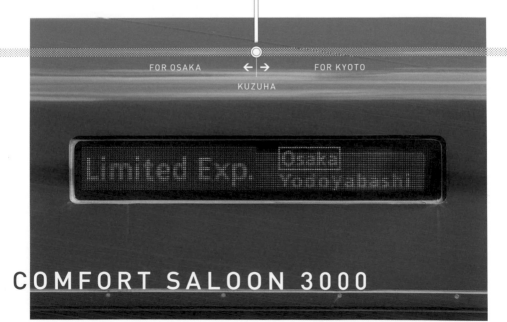

FOR OSAKA　←◯→　FOR KYOTO

KUZUHA

COMFORT SALOON 3000

嘿嘿
請開示!!
設計師

京 阪 電 鐵
指 示 牌 設 計

花谷英親 先生

HIDECHIKA
HANATANI

GK Design Soken Hiroshima

沒想到,我有幸訪問到 GK
Design Soken Hiroshima 的
花谷英親先生!我用宅宅特
有的飛快語速,把感興趣的
指示牌內幕全部問了個夠!

PROFILE

GK Design Soken Hiroshima
除了京阪電鐵,亦經手百合海鷗
線、廣島 ASTRAM 線等處鐵道車
廂、空間設計,以至於相關商品等
為數眾多的全方位設計工作。
http://www.gk-design.co.jp/dsh/

統一指示牌，改善車站環境。

石川　京阪電鐵從2008年中之島線開業前，就已經陸續換成目前的指示牌。最初是出於怎樣的契機想更換指示牌呢？

花谷　首先在2003年談到了變更路線圖跟時刻表的想法。之後在2005年左右，曾經實驗性地只將一個車站的指示牌換新，假設該站的設計能獲得好評的話，就打算在每個車站推出，這是一切的起點。

石川　京阪電鐵指示牌的特色，說起來就是紺色搭配上條紋花樣，當初為什麼會選擇這樣的設計呢？

花谷　當時旗子造型的「KEIHAN」商標還沒有出現，單純想讓所有車站統一具備某種元素，使車站環境變得更好。所以說，從C.I.（Corporate Identity，企業識別）的角度來看，在設計上希望讓指示牌本身擁有別具一格的神采。我們將這個條紋稱為「Smartliner」，之中包含著速度感、輕快、持續性等等意涵。

石川　除了最基本的紺色指示牌，包括售票處是綠色、車站辦公室是紅色之類，分別都使用了效果很棒的顏色。然而，這套色彩規劃是怎麼決定的呢？

花谷　首先出口一定要是黃色的嘛。然後，從前指示牌的底色也是使用藍色系，售票處之類跟付費相關的地方則使用了綠色，所以蒐集並整理資訊後，決定要善用顏色來區分。盡可能用原色呈現，則是因為從遠處的辨識度也很好。至於車站辦公室會使用紅色，也包含著「想到京阪就想到紅色」這層意涵。而剩下的其他地方，就使用非彩色的灰色。車站的結構相當複雜，所以我們建構出這種形式，讓人遠觀時除了靠文字，也能靠顏色來判斷。

京橋站大廳

顯色與濃度。

石川 京阪電鐵的設計，除了站名牌、乘車月台指引等所謂一般性的指示牌，包括電扶梯的警示標語，甚至連自動販賣機區塊的標示全都經過徹底整合。這些地方也都採用了前面談到的「Smartliner」條紋，我想請教發展出這套設計的歷程。一開始有過其他提案的構想嗎？

花谷 從最初階段雖然就已經有使用條紋的設計方案，但在施工層面上出現了各式各樣的問題……。其實這個條紋是用貼貼紙加工出來的。

石川 仔細一看才發現，條紋的線條確實是浮凸的呢。

花谷 在使用貼紙之前有試過噴墨印刷，但做得太透明，顏色就會很淡；相反地如果提升濃度，則會產生出雜點。所以，結論就變成還是只能靠貼紙……。雖是這麼說，能不能在貼紙上進行文字重疊部分的挖空加工，這又是另一個問題；如果這個做法太困難，也還有將條紋集中放在站名下側的提案。不過，指示牌的製作公司給了我們一個提案，在試做過後，透過他們長年的經驗跟累積的技術能力，成功實現了這個設計。京阪電鐵的列車從以前就會塗裝格外濃郁的顏色，所以我們考量到延續性，在顯色跟濃度上也有堅持。雖然很費工，但以結果來看，應該有增加了形象的好感度。

獻給鐵道文字愛好群眾。

石川　京阪電鐵的指示牌在以鐵道文字為興趣的群體中，有著相當高的人氣，我自己也非常喜歡。在指示牌設置之後，是否獲得了一些正面回饋呢？

花谷　我是聽說評價不錯，但沒有直接接收到，所以不清楚詳細情況。不過我有看過鐵道迷製作了仿造京阪電鐵指示牌的作品，整個就覺得「哇啊！」（笑）。

石川　確實！我自己也經常打造作品來重現（笑）。

花谷　京阪電鐵的指示牌是在相當嚴格的特定規範下製作出來的。指示牌的指引手冊厚度根本就是前所未見。京阪一致到這種程度的性格，請各位務必好好享受。

清爽。踏實。

JR 西日本

WEST JAPAN RAILWAY

JR 西日本的站名牌字體偏粗卻絕不鬱悶，反倒給人一種清爽的印象。這份清爽之中，藏著利用「視覺錯覺」的細膩安排……。當然不限於站名牌，月台的旅客資訊顯示系統也是一樣。在有限的空間中，該如何擺放文字呢？這令人在意的內幕究竟為何？

協助 | i Design inc.
西日本旅客鐵道株式會社

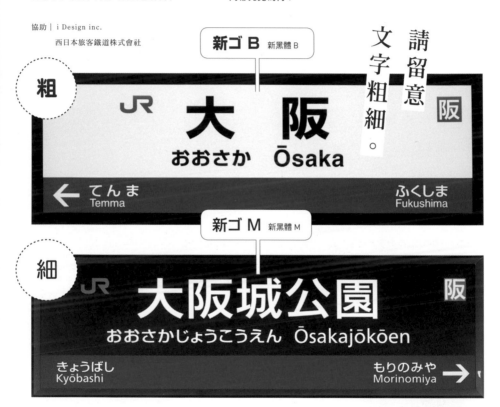

新ゴ B　新黑體 B

粗

請留意文字粗細。

細

新ゴ M　新黑體 M

文字粗細不同的原因。

　　大阪環狀線的黑色站名牌，文字粗細跟 JR 西日本的一般站名牌（白底）其實並不相同。這到底是為什麼呢？讓我們以「大阪」兩字為例比較看看。右方的兩個「大阪」，文字粗細是相同的，但在下方黑底白字的情況中，文字看起來就膨脹了。在時尚搭配中也有白色是顯胖色的說法，為避免文字膨脹後看起來變醜，才刻意使用了較細的字體。

旅客資訊顯示系統的LED文字
是怎麼製作出來的呢？

勤勉地製點！

i Design inc. 堀口仁美小姐

　　抵達車站後，任誰都會轉向旅客資訊顯示系統，因為該處顯示著列車的車種、目的地、到站時間等資訊。這上頭的LED文字到底是怎麼做出來的呢？我試著詢問i Design inc.的堀口小姐。「如果是明朝體的LED文字，首先要把明朝體的字元鋪在下面。接著就土法煉鋼地一個個把點給點上去。要把文字放進特定區塊，有時光一個目的地，就可能花掉半天的時間。尤其『開往環球影城 櫻島』實在有夠累（笑）。」在電腦上打點完，還必須遠看確認。感覺整個心思都要飄走了。

不可外流的

必需品。

平常所見的這個站名牌，也遵照著指引手冊裡的規範。

　　在指示牌指引手冊裡頭，包括站名牌、各種導引標牌等每種指示牌都訂有指導方針。裡頭寫滿了字體、顏色、文字間隔等精細的規定。

好讀的秘密。

阪急電鐵

HANKYU RAILWAY

協助｜阪急電鐵株式會社

大家都知道阪急電車那光耀照人的車體，拍照時幾乎都會映出自己的身影。不過，閃耀的可不只列車。站名牌的易讀性亦是出類拔萃！站名的設計簡樸但散發獨樹一格的個性，遠觀也很易讀，秘密就藏在「細節」裡。

イワタUD丸ゴシック M 岩田 UD 圓黑體 M

UD新ゴ DB UD 新黑體 DB

新

這塊留白，正是易讀的關鍵所在。

こうべ・さんのみや
神戸三宮
Kobe-sannomiya

はなくま
Hanakuma

HK
16

HK
15 かすがのみち
Kasuganomichi

Helvetica Regular

ナール E NAR E

舊

ひばりがおか はなやしき
雲雀丘花屋敷
HIBARIGAOKA-HANAYASHIKI

HK
51

やまもと
YAMAMOTO

HK
50 かわにし のせぐち
KAWANISHI-NOSEGUCHI

字體變化。

留白不變。

　　阪急的站名牌從照相排版字體，進化成了通用設計字體。不過，當中不變的傳統就是保留了「閱讀」停頓處的留白。安插這個小小的留白，將有助於提升易讀性。

京都線南方站至今（2019年）
仍留有直書的指示牌。

直書的時代。

嵐山（往のりかえ）　淡路　京都[河原町]
北千里　方面
のりば
FOR　KYŌTO.　KITA-SENRI

1978 年～1988 年的站名牌　　　　1978 年以前的站名牌

照片來源 阪急電鐵

阪急 六甲
ROKKŌ
《西灘　御影》

當時採漢字標示。

西灘
阪急六甲
NISHI-NADA
サンケイ スポーツ

照片來源 阪急電鐵

在 1978 年以前，阪急指示牌曾以直書為主流。78 年之後就改為橫書的模樣，但站名仍以漢字為主體。現今的平假名標示，是 88 年以後才登場的。

問問 超級 鐵道迷 播報員 源石和輝先生
回憶裡的阪急電車。　的文字

「我來自阪急寶塚線沿線，從小就經常欣賞車站的看板。」東海廣播電台播報員源石和輝先生說道。「當時經常看到的直書站名牌，現在想起來，還真是相當珍貴。」在日常生活中竟然可以看見直書的站名牌，太羨慕了！雖然現在幾乎看不太到了，但直書的站名牌或許稱得上是「日本獨有的文化」。

訪談內容
參照 P180。

大阪府豐中市
寶塚線沿線出身。

看一眼就能辨識所要搭乘的路線。

十三站共有神戶線、京都線、寶塚線這3條路線分支；在車站大廳中，可以看見結合乘車月台指引跟路線圖的指示牌。這是因為「這一站人多擁擠，所以就把資訊歸類在一起，並套上3條路線的顏色，讓所要搭乘的路線跟車站資訊一目了然」。字體也搭配了「DIN Condensed」跟「冬青黑體」，既有型又很萌！

來問阪急，這麼酷的指示牌是怎麼做出來的！

梅図 車票之謎。

阪急出了名的梅田車票，在田字的「口」內寫著「メ」。文字究竟為何會變成這樣呢？「在還沒有自動驗票閘門的時代，除了梅田站外，名稱中有『田』的車站，還包括『園田』、『池田』、『富田』、『吹田』、『山田』這5站。為了在剪票時能瞬間分辨，就在乘客數最多的梅田站做了區別」。阪急電鐵是這樣說的！

SERIES 6300 "KYOTRAIN"

2019年3月，京阪電鐵引進了觀光
特急列車「京TRAIN」的第二種
編組「京TRAIN 雅洛」（改造自
7000系電車）。

耀眼空間。
福岡市
地下鐵

**FUKUOKA CITY
SUBWAY**

七隈線

「我有話想說。七隈線是真的棒呆了。超喜歡超喜歡有夠喜歡！」福岡市地下鐵七隈線的空間和指示牌，讓人想像對偶像告白那般大聲示愛。如此美妙的地下鐵，是世界第一。我、超、級、愛、你── !!!

協助｜株式會社黎設計綜合計畫研究所
　　　福岡市交通局

天神南站 象徵圖案 資料來源 福岡市交通局

美術館般的
車站空間。

FUKUOKA CITY
SUBWAY
NANAKUMA LINE

經過計算，優雅、極微的地下空間。

　　穿過驗票閘門，走上月台的瞬間……不，從抵達驗票閘門的瞬間開始，福岡市地下鐵七隈線優雅極微的地下空間就在眼前展開，令人難以相信身處都會正中央。車站內部簡直如美術館般精巧，讓人走路時甚至想稍微放輕腳步。由德國工業設計師亞歷山大・紐梅斯特（Alexander Neumeister）所設計，綠色的可愛電車開進站內，穿越美麗的月台閘門搭上車後就會看見（軌道牆面上的）站名牌剛好映在電車的車窗範圍內。沒錯，這個設計將一切都計算進去。放眼全世界也能感到自豪的地下鐵，就是七隈線。由指示牌設計專家所打造出的指示牌，也是耀眼MAX！

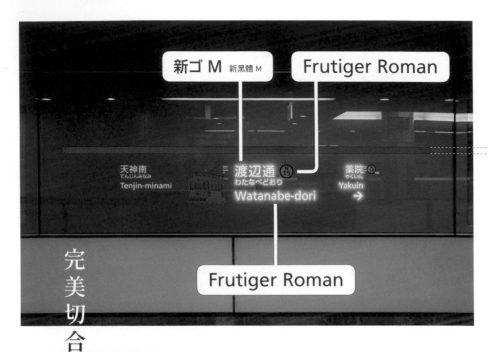

新ゴ M 新黑體 M

Frutiger Roman

天神南
てんじんみなみ
Tenjin-minami

渡辺通
わたなべどおり
Watanabe-dori

薬院
やくいん
Yakuin
→

Frutiger Roman

完美切合！

橋本
はしもと
Hashimoto

次部丸
Biromaru
→

連如何看見都要講究。

　　月台牆面上的站名牌跟路線圖並列著，但設置的間隔並非等距，而是稍微錯開。會這樣做是為了配合電車停下時的車窗位置。如同左側照片，從車窗處剛好可以看見站名牌等指示牌容納其中。這也是標誌系統的一部分。不僅要製作容易觀看的站名牌，就連會怎麼看見它們都精心盤算。

PROFILE

赤瀬達三
黎設計綜合計畫研究所代表。除七隈線之外，亦經手港未來線等為數眾多的鐵道指示牌設計案。
http://www.rei-design.co.jp/

「讓站名牌剛好進入電車窗戶的範圍裡頭，這種指示牌的配置方式，經過了極度精密的考量。剛好對齊的感覺很棒吧？」負責監修指示牌設計案的黎設計綜合計畫研究所赤瀬達三先生說道。兼顧愉快和實用性……指示牌或許就是種「為人設想」的東西。

赤瀬達三先生

黎設計綜合計畫研究所

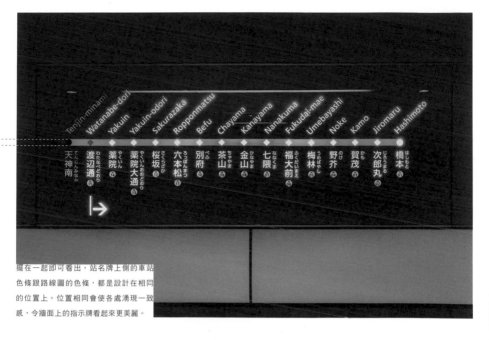

Tenjin-minami Watanabe-dori Yakuin Yakuin-odori Sakurazaka Ropponmatsu Befu Chayama Kanayama Nanakuma Fukudai-mae Umebayashi Noke Kamo Jiromaru Hashimoto

天神南 渡辺通 薬院 薬院大通 桜坂 六本松 別府 茶山 金山 七隈 福大前 梅林 野芥 賀茂 次郎丸 橋本

擺在一起即可看出，站名牌上側的車站
色條跟路線圖的色條，都是設計在相同
的位置上。位置相同會使各處湧現一致
感，令牆面上的指示牌看起來更美麗。

設計性和
實用性。

我推薦這款指示牌！

驗票閘門、車站大廳層的出口指示是運用了整個牆面的大膽配置。不僅
在設計上很美麗，同時具有即使人多混雜，也很容易找到出口的優點。深灰
色的牆壁與感覺很乾淨的白色地面兩相對比，再佐以間接照明，真的很難想
像這是地鐵站的空間。福岡的各位能在日常生活中搭到這種地鐵，實在讓我
羨慕！此空間就算說「可以住進來」也不為過。

一直都
好喜歡
指示牌

3

連結至今日的，鐵道文字。

文字方面，我對JR中央線201系電車的車種標示具有興趣；設計方面，則是對地下鐵丸之內線500型電車抱持興趣。接著，我又結合文字跟設計這兩種不同領域的觀點，開始對路線圖產生興趣。在那之後，我面對站名牌、乘車月台指引等標誌系統時，之所以「心漸漸被吸引」也算是相當自然的發展。在電車方面，我所感興趣的「丸之內線500型」於1996年功成身退後，車型就全被統一成了銀色的02系；其後我的注意力就轉向京急那全面塗裝成紅色的電車身上。當時我因此注意到了車站內部所使用的「京急站名牌字體」。橫線較細、直線較粗，而且做成斜體，看起來快速無比的文字，跟京急的速度感好配，令我備受衝擊。這文字怎會如此帥氣！帶點懷舊氣息也好強！從那時起，我在鐵道攝影之餘也開始拍攝指示牌，但當時還沒有餘裕購買單眼反光相機等配備，只能用拋棄式的富士即可拍相機拍攝。去洗照片時，也曾被老闆說「都是在拍電車跟看板耶（笑）」，害我覺得非常不好

意思。我所拍下的照片會跟當天的新聞剪報一起收進相冊裡，小心翼翼地保存。一段時間後我開始想自行製作書籍，就把照片拿來剪貼（時至今日我很後悔，覺得好浪費），在上頭撰寫解說和短標再製作封面，打造出一本全靠自己手工製作的冊子。想來當時的經驗對現今我所要製作的書籍，或許也算小有幫助……可能還是沒什麼幫助啦。當時的底片我好像幾乎都丟了，如今只剩下一些被剪過的照片，真的好後悔。

從拋棄式相機畢業之後，我開始用一般的底片相機拍攝鐵道，還有鐵道文字。那時當然還沒有出現「鐵道文字迷」這種稱呼，但所做的事情與今無異。不，搞不好那時的我比現在更能放鬆享受樂趣。或許因為我的個性有潔癖又過度完美主義，現在光是要拍一個指示牌，「要龜毛的地方」就多到不行。不論從多遠的地方前來，如果當下最適合拍攝的鏡頭不在身邊，有時我甚至會拍也不拍，就踏上歸途，事後再找時間前往同一地點。本書也是一樣，在2017年底發行的拙作《鐵道文字迷：從字體解讀日本全國全鐵道的站名牌》中使用過的照片，我都盡量不再運用，目標是想辦法全部重拍。例如P139所刊登的越後心動鐵道妙高高原站的站名牌，在《鐵道文字迷》中已經刊登過同一個站名牌，我這次還特地跑到新潟重新拍攝。在時間安排上，無論如何都無法拍到的指示牌，是使用了《鐵道文字迷》的照片沒錯，但照片的修圖工作，則都為本書全部重做了一次。因此希望大家關乎「一張照片是要用幾次」的寶貴意見，請盡量壓低聲音（笑）。

若問我當鐵道文字迷已經幾年，老實說我不清楚該怎麼回答才好……。從最初的契機開始算起，大概已有將近30年的時日；但若以確實用心地觀察指示牌為標準，則如同P50專欄也曾提及的，是在京急車站「發現眼前的站名牌，明明跟隔壁站名牌有著同套設計，字體卻不一樣，於是就調查了起來」。我相信人對事物感興趣，經常都是從「為什麼」起步的。倘若讀者透過本書能夠解決那些「為什麼」，並開始對其他的事物產生「為什麼」的疑問，那我就太開心了。像筆者自身就是從車種的文字、列車的設計，逐漸踏入了標誌系統這個領域……該怎麼說呢，就像蝴蝶效應那種感覺（？），如果大家能從鐵道文字出發，再對別的事物產生更多興趣，那實在很值得慶幸。接著如果能跟有著相同愛好的人，一起享受心儀的事物，那就棒透了呢。我已經差不多要寫下「希望大家從今以後也要繼續喜歡鐵道文字……」的結語，但現在字數還有剩。怎麼辦呢？要來說些製作本書的辛苦之處嗎？那也就是：這個專欄啦。筆者頂多就只是個平面設計師（中的沒用傢伙），不是從事寫作的人。雖然喜歡寫，卻都是些可有可無的喃喃自語，並不是能理直氣壯擺在書店裡的那種書。不過，回想起來我從小學時就自力打造了書本，國高中時期則曾埋首經營部落格和網頁（黑歷史），一直都在寫些什麼，相信也可說是一路連結到了今日。而這份連結經過千迴百轉，也證實了我國高中時期曾在網路上交流過的鐵道迷，實際上竟然就是東京都交通局總務部的齋藤慎太郎先生（P23）。人生，會從何處與何處產生連結，沒人說得準。

KEIHAN RAILWAY SERIES 3000

ど゛れ゛ど゛れ゛

來來
比一比！！
地下鐵指示牌

DORE DORE KURABETE!!
CHIKATETSU SIGN

地下鐵的標誌系統
是如何進化演變的呢？
讓我們來比較一下過往與現行的指示牌。

全國地下鐵比一比 ── 站名牌的進化

EVOLUTION OF STATION SIGN

站　名

← 前一站　　下一站 →

在引進車站編號後，站名牌可說是近年進化幅度最大的指示牌。東京 Metro 地鐵正為 2020 年東京奧運的進行準備，Osaka Metro 則在 2018 年民營化時革新設計⋯⋯讓我們來比較 5 個都市地下鐵站名牌的新舊設計與字體。

舊

新

將車站編號的配置
納入設計考量。

東京 Metro 地鐵
丸之內線

從「黑體 4550（ゴシック 4550）」變成「新黑體（新ゴ）」搭配「Frutiger」。在引進車站編號後，設計從最初階段便已考量其配置空間。資訊區分成兩層，上半部放站名，下半部放編號。該站的標示文字會按鄰站的名稱長度來改變置中位置。

文字跟文字的
間隔變大了。

東京 Metro 地鐵
東西線

　　新式站名牌拉開了字距，因此資訊不再過度集中於中央，提升了易讀性。站名牌的整體形象也很精巧。從前的站名牌之所以全體靠左對齊，是為了隨後貼上車站編號。新式站名牌包括車站編號跟該站標示文字，則都一併置於中央。

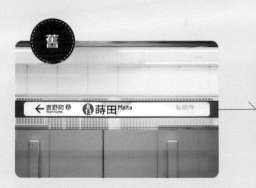

從「個性型」
到「現代型」。

橫濱市營地下鐵
藍線

　　橫濱市營地下鐵站名牌最大的特徵曾在於歐文的「Corinthian」字體，近年則正在更換成使用「Myriad」字體的設計。從前的黃色三角形也頗具個性，現行則改為全面白色的簡單背景。或許可說是順應潮流的正式進化。

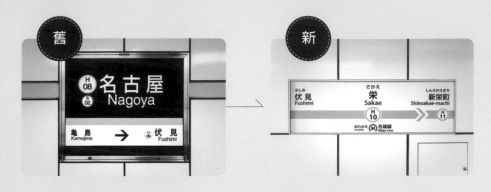

背景從黑底
轉變為白底。

名古屋　名古屋市營地下鐵
東山線

名古屋市營地下鐵的站名牌過去曾使用照相排版字體「Gona（ゴナ）」，隨後改成「新黑體（新ゴ）」搭配「Helvetica」，如今則將歐文部分變更為「Myriad」。背景也從黑底變成白底，整體形象更顯明朗。彩色線條上箭頭的處理方式，相當自成一格。

短暫片刻的
新舊同台。

名古屋　名古屋市營地下鐵
東山線

照片來源 源石和輝

隨著東山線榮站在 2018 年 2 月前後推行站體改良工程，1957 年開業時還稱為「榮町」的站名牌也隨之現身。一時之間，它與設置在軌道牆面上的現行站名牌，成就了一場跨世代的同台演出。

柔和字體
成就精巧設計。

大阪　Osaka Metro（大阪地鐵）
御堂筋線

從「Midashi Go MB31（見出ゴMB31）」搭配「Helvetica」，變成「冬青UD黑體（ヒラギノUD角ゴ）」配「Parisine」。將色調配置於中央的版面設計雖然不變，但或許受到字體感覺的影響，整體氣息變得柔和又精巧。將車站編號標示在色條上，因而獲得了更多留白。

設計不變，
字體變。

神戶　神戶市營地下鐵
西神・山手線

條狀的設計風格，自1977年開業至今未曾改變，但字體從「新聞特粗黑體（新聞特太ゴシック体）」改成了「冬青黑體（ヒラギノ角ゴ）」搭配「Frutiger」。前一代的站名牌使用「新聞特粗黑體」，文字做成立體樣式，因此看起來是浮凸的。

從公營到民營。
比較歷代站名牌。

大阪　Osaka Metro
（大阪地鐵）

　　讓我們按照時序，比較一下從過往至今的車站出入口站名牌。最初站名牌的文字末端彷彿長著鬍鬚（西長堀站，❶），因此以「鬍鬚文字」的暱稱廣為人知。其後改為雙層結構的設計（日本橋站，❷），路線名稱變成黑體白字，站名則為白底黑字。採用該款設計的時間相當悠長，但在民營化拍板定案之前，曾替部分車站更新指示牌，轉而採用「冬青UD黑體（ヒラギノUD角ゴ）」與「Parisine」的設計（❸），相當接近現行版本。接著大阪地鐵民營化，Osaka Metro的「M」字標誌誕生，取代了過往的「MARUKO」標誌（❹）。

南巽行	🚇 千日前線 ❺ 出入口	野田阪神行
初発 **5** 時 **20**分	西長堀駅	初発 **5** 時 **29**分
終発 **23** 時 **57**分	NISHI-NAGAHORI STATION	終発 **0** 時 **07**分

谷町線 T14
千林大宮駅 ❷ 出入口
Sembayashi-Omiya Station

守口指示牌。
沒鬍鬚的鬍鬚文字。

大阪　Osaka Metro
（大阪地鐵）

「鬍鬚文字」是因為有鬍鬚，才叫「鬍鬚文字」。不過，在 1977 年起開業的谷町線北部區間，卻曾存在過沒有鬍鬚的鬍鬚文字。這剛好是在指示牌翻新過渡期所設置的版本，在粉絲之間便以當時的終點守口站為名，稱之為「守口指示牌」。

「MARU（圓圈）」加上「KO（コ）」，因此是「MARUKO」

凸出來的部分就是「鬍鬚」

🚇 地 下 鉄 ↘

尋找隱藏的
鬍鬚文字。

大阪　Osaka Metro
（大阪地鐵）

　　四橋線花園町站、岸里站
等在目前並未使用的月台區域
裡，還留有鬍鬚文字的站名
牌。除此之外，「消防栓」的
字樣也仍是鬍鬚文字。就像位
在東京附近，千葉某主題樂園
中無窮無盡的「隱藏米奇」
那般，試著找找這類「隱藏鬍
鬚文字」，說不定也很有趣。
不過範圍廣含地面和地下，因
此能全部找到的機率也無窮渺
茫……。可別找到變鬱悶囉。

舊

花園町
HANAZONOCHO
大国町 ◆ 岸 里

舊

H
06

ほんじん

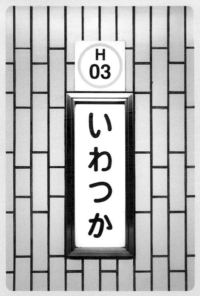

H
03

いわつか

名古屋的鬍鬚文字。
仍然留存的現役站名牌。

名古屋　名古屋市營地下鐵

　　名古屋市營地下鐵也仍留有帶「鬍鬚」的文字。設置於東山線本陣站、龜島站、名城線大曽根站等站內柱子上的直型站名牌，文字外型就如同大阪的鬍鬚文字。相對於大阪以漢字標示，名古屋則採平假名標示。身為一個鐵道文字愛好者，真想把這些元素都組合起來，做成一整套日語文字的完整字體……。順帶一提，東山線岩塚站也存在著沒有鬍鬚的另一種站名牌。相對於「ほんじん（本陣）」、「おおぞね（大曽根）」等尖凸的形狀，「いわつか（岩塚）」則是帶有圓弧，給人柔和的感覺。名古屋地下鐵在引進車站編號後並未淘汰站名牌，而採取在上方另貼車站編號的形式，讓過往文字繼續活於現代。現行指示牌和列車都很有摩登感，懷舊文字與之共存，就像一場時光旅行。

M
12

おおぞね

H
07

かめじま

全國地下鐵比一比 ── 月台指引的進化

EVOLUTION OF TRACK NUMBER SIGN

1 往終點

在標誌系統之中，乘車月台（號碼）指引牌亦是平時乘車時不可或缺的要角。在車水馬龍的車站裡，經常必須靠它來「瞬間」做出判斷。如此重要的指示牌，究竟是如何進化至今的呢？讓我們用仙台、東京、大阪這3個城市的地下鐵來比較看看。

舊

新

從橫向
改成直向。

仙台
仙台市營地下鐵
南北線

　過往的指示牌很有個性，和文使用「黑體4550（ゴシック4550）」、歐文使用「Futura」；現今的指示牌則是和文、歐文都改為「冬青UD黑體（ヒラギノUD角ゴ）」。設計上也將線條從橫向變換成直向，令色彩在左端成為點綴，且顏色依行駛方向而異。東西線也是相同設計。

月台編號與
車站編號合為一體。

東京Metro地鐵

前一代的乘車月台指引，是由和文、歐文、車站號碼這3層所組成，近年所更換的指示牌，則將乘車月台編號跟車站編號結合，更能夠直覺辨識。濃紺底色跟白框部分具強弱對比，亦提升了設計上的完成度。另外還加上了直通運行路線的英文標示。

基礎版面設計
不變。

Osaka Metro（大阪地鐵）
御堂筋線

新的乘車月台指引進化成跟站名牌相同的設計。現行版本採用「冬青UD黑體（ヒラギノUD角ゴ）」搭配「Parisine」，但在梅田站也可看見歐文使用「Frutiger」的指示牌。版面設計基本上沿襲前一代，乘車月台指引方面的「經典」設計仍舊不變。

全國地下鐵比一比 ─── 路線圖的進化

EVOLUTION OF ROUTE MAP

不僅站名牌和乘車月台指引，就連路線圖也在逐日進化。在為數眾多的指示牌中，路線圖要說含有最多資訊量也不為過。從其設計的豐富程度，甚至足以自成一門興趣領域。讓我們來比較一下，Osaka Metro 跟名古屋市營地下鐵這 2 個局處的路線圖變遷。

美麗的十字。

 仙台市營地下鐵

仙台市地下鐵的路線圖是個美麗的十字。當然在地圖上，東西線和南北線的交叉點也以仙台站為中心。其實大阪的地鐵在市區中央地帶也呈棋盤狀，相當好懂。看來是東京太複雜了!?

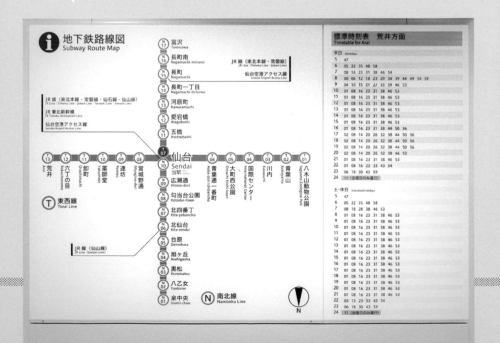

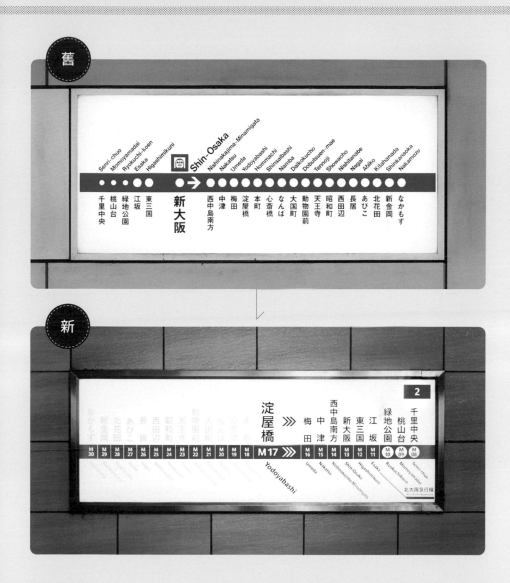

日英翻轉。

大阪

Osaka Metro（大阪地鐵）
御堂筋線

以中央的色條為分界，原本上層是英文、下層是日文；如今則翻轉成上層日文、下層英文的配置。跟列車行進方向相反的一側，變成了灰色標示，讓人更好理解下一站在哪裡。

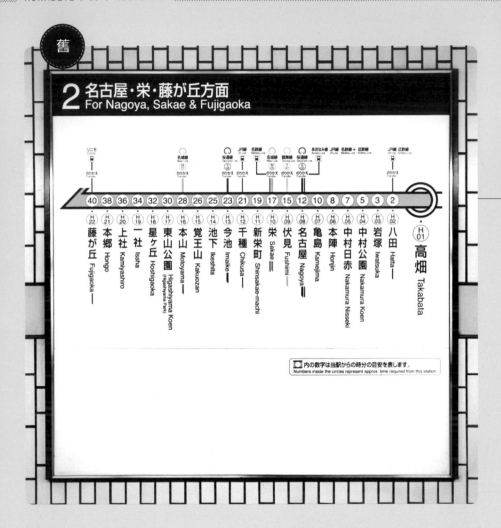

從設計性
到通用性。

名古屋市營地下鐵
東山線

原本帶有白圈的特色路線圖，變成了簡單的路線圖。這張具有高度設計性的路線圖，是過去為配合1989年於名古屋舉辦的世界設計博覽會所推出，並隨著引進車站編號制度，而推行了換新工程。新路線圖目標是跟站名牌採用一致的設計。

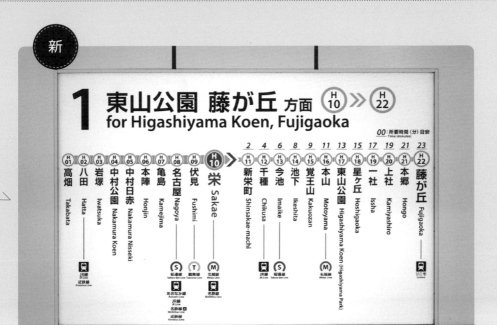

1 東山公園 藤が丘 方面 Ⓗ10 ≫ Ⓗ22
for Higashiyama Koen, Fujigaoka

00：所要時間（分）目安
Time (minutes)

| 2 | 4 | 6 | 8 | 9 | 11 | 13 | 15 | 17 | 19 | 21 | 23 |

Ⓗ01 高畑 Takabata
Ⓗ02 八田 Hatta
Ⓗ03 岩塚 Iwatsuka
Ⓗ04 中村公園 Nakamura Koen
Ⓗ05 中村日赤 Nakamura Nisseki
Ⓗ06 本陣 Honjin
Ⓗ07 亀島 Kamejima
Ⓗ08 名古屋 Nagoya
Ⓗ09 伏見 Fushimi
Ⓗ10 栄 Sakae
Ⓗ11 新栄町 Shinsakae-machi
Ⓗ12 千種 Chikusa
Ⓗ13 今池 Imaike
Ⓗ14 池下 Ikeshita
Ⓗ15 覚王山 Kakuozan
Ⓗ16 本山 Motoyama
Ⓗ17 東山公園 Higashiyama Koen (Higashiyama Park)
Ⓗ18 星ケ丘 Hoshigaoka
Ⓗ19 一社 Issha
Ⓗ20 上社 Kamiyashiro
Ⓗ21 本郷 Hongo
Ⓗ22 藤が丘 Fujigaoka

名城線榮站的綜合資訊看板。
名城線、名港線的路線顏色都是紫色，
但名城線是以實線，名港線則以雙線標示。

栄駅案内 Sakae Station Guide

出口案内 Exit

駅構内案内図 Station Map

バスのりば Bus Stop

駅施設案内 Station Guide

4 市役所 大曽根 方面
時刻表 Timetable Ⓜ

全國地下鐵比一比 ─── 圖標的進化

EVOLUTION OF PICTOGRAM

 乘車月台

圖標是一種可憑直覺理解的指引途徑。從許久前1964年的東京奧運，歷經1970年的大阪萬國博覽會，直到現今圖標仍做為連外國訪日旅客都能簡單易懂的指示，並持續進化中。地下鐵裡的圖標曾有過何種變化呢？讓我們聚焦於札幌，試著比較看看。

令人在意

特色外型。

 札幌　札幌市營地下鐵

在日本全國為數眾多的列車圖標之中，札幌市營地下鐵舊式指示牌的圖標可說是最具特色。列車的車頭具備2000型（1999年退役）等電車的特徵，並重現了下方的膠輪。

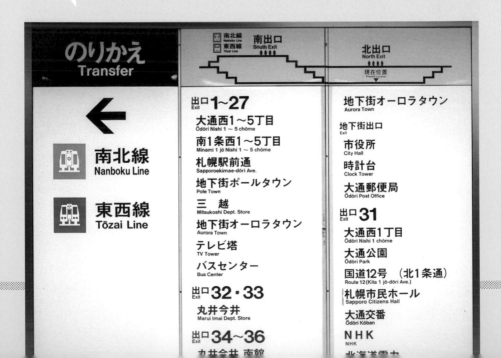

令設計變得通用。

札幌 札幌市營地下鐵

札幌市營地下鐵原本是仿照各條路線所使用的電車來設計圖標，現今則改為較抽象的「通用電車圖標」。為了避免既有圖標在引進新型電車後變得過時，在日本全國都可看見這樣的趨勢。

新

↑ 🚃 東豊線
Toho Line

🚃
東豊線
Toho Line
▲

符合日本產業規格的
設計。

札幌 札幌市營地下鐵

のりかえ
Transfer

↙

🚃 南北線
Namboku Line
中島公園・真駒內方面
For Nakajima-koen,Makomanai

🚃 東西線
Tozai Line

🚃 東豊線
Toho Line

(ホーム中央の連絡通路)
(をご利用下さい。)

除了將各局處具代表性的電車外型改成簡易圖案的「通用電車圖標」，亦逐漸增加符合日本產業規格（JIS）的「標準導引用圖記號」。這麼做的好處在於若全國都採行通用記號，各局處的設計就不會存在差異，就算是不熟悉的旅客也很容易理解。亦不需要在引進新型電車的時候更新圖標。

舊

地下鉄
Subway

なんば駅
Namba Station

大阪 Osaka Metro
（大阪地鐵）

2018年4月，「大阪市營地下鐵」邁向民營，成為「Osaka Metro」。剛開始還未將畫著電車圖標的既有看板整個換掉，而是採用先在上頭張貼新的文字商標的臨時措施。不過，入夜點燈之後，過往的「MARUKO電車」就會被映照出來，給人一種宛如市營地下鐵復活了的錯覺。這是過渡期才看得見的光景。

新

上野駅
UENO STN.
銀座線・日比谷線

1972 年前

舊・營團地下鐵的指示牌。

6 茅場町・秋葉原・上野
← 北千住・北春日部 方面
FOR KITA-SENJU & KITA-KASUKABE

銀　座
GINZA
← ひがしぎんざ｜ひびや →
HIGASHI-GINZA｜HIBIYA

上　野
UENO
うえのひろこうじ｜いなりちょう →
UENO-HIROKŌJI｜INARICHŌ

銀座線・国鉄線のりば ↑
出　口 ↑ 上野公園・動物園
EXIT　　しのばずの池 方面

1972 年後

舊・營團地下鐵的指示牌。

照片來源｜Design inc.

のりこし精算
Fare Adjustment
요금정산기
补票机

のりこし精算
Fare Adjustment
요금정산기

补票机

精算機 FARE ADJUSTMENT
ICチャージ IC CHARGE

ANAクラウンプラザホテル神戸（ロビー4F）

新神戸オリエンタルアベニュー（3F〜B3F）改札を出て、左側へお進みください。

新神戸オリエンタル劇場（エントランス2F）南側（反対側）の改札をご利用ください。

お客様へのお

乗り越し精

自動精算機

ご利用下さ

 神戸市営

個個

查一查！！

各家字體設計公司的
站名牌圖鑑

KORE KORE SHIRABETE!!
FONT MAKER BETSU ZUKAN

站名牌的字體
是如何選擇的呢？
讓我們來看看各家字體設計公司的做法。

新ゴ B　新黑體 B

使用字體
黎ミン M
（黎明體 M）　J R 東 日 本

モ リ サ ワ

使用字體
ゴシックMB101 DB
（黑體 MB101 DB）

森澤 公關宣傳部
高井幸代小姐（女性鐵道迷）

使用森澤字體的站名牌

聊起站名牌，必會談到森澤。壓倒性的高市占率，可謂王者氣場！辨識度優異、形象瀟灑的「新黑體」，北起北海道、南至沖繩，在日本全國各地的鐵道公司都有機會看到。沒有森澤，根本就活不下去了啦！

株式會社 MORISAWA

自 1924 年率先全球發明照相排版字體後，便投入文字相關事業，始終如一。總公司位於大阪市浪速區。1990 年代起，開始積極因應桌面排版浪潮，發展成業界中市占率引以為傲的字體設計公司。

http://www.morisawa.co.jp/

新ゴ B　新黑體 B

仙台
せんだい

J R 東 日 本

「新黑體」的粗細，
包括比「M」還細的「EL」、「L」、
「R」，以及比「DB」、「B」還粗的
「H」、「U」，共計 8 種！

細

新ゴ M　新黑體 M

くまもと
KUMAMOTO
熊 本
（熊本市西区）

◀ かみくまもと
KAMI-KUMAMOTO

にしくまもと ▶
NISHI-KUMAMOTO
へいせい
HEISEI

Ⓙ Ⓡ 九 州

中

新ゴ DB　新黑體 DB

Ⓐ07 泉岳寺
せんがくじ
Sengakuji

Ⓐ08 →
三田
Mita

京急線 品 川
Keikyu Line, Shinagawa

都營地下鐵 都 營 地 下 鉄

文字の太さも、
それぞれ。

使用字體
太ゴB101
（粗黑體 B 101）

※ 文字的粗細各有不同。

粗

新ゴ B　新黑體 B

おおふな
大 船 Ōfuna

富士見町 →
Fujimichō

標準時刻表
Time Table

モ ノ レ ー ル
湘 南
湘南單軌電車

135

福井鐵道

福 井 鉄 道

新ゴ B 新黑體 B

FUKUTETSU
ふくいじょうしだいみょうまち F21
福井城址大名町
Fukui Castle Ruins-daimyomachi 福井城址大名町 후쿠이 성터 다이묘마치

◀ じんあいじょしこうこう F23
Jin-ai Girls' High School

ふくいえき Fukui-eki
あすわやまこうえんぐち Asuwayama-Koenguchi ▶

田原町（鷲塚針原・福大前西福井）方面
for Tawaramachi (Washizuka-haribara, Fukudaimae-nishifukui)

福井駅・越前武生 方面
for Fukuieki, Echizen-takefu

1 番線のりば
Platform 1

新ゴ M 新黑體 M

桜 水
さくらみず
SAKURAMIZU
◀── ──▶
平野 ｜ 笹谷
HIRANO SASAYA

福 島 交 通

和文、歐文統一

使用「新黑體」。

站名牌的和文、歐文字體，全數皆以「新黑體」統一。福井鐵道的福井城址大名町站，該站名稱採用「新黑體 B」、行駛方向指引為「新黑體 R」，文字的粗細各不相同，宛如一場「新黑體」的大走秀！雖說資訊量很大，藉由版面整理、文字的粗細差異，仍能創造出強弱對比，不至令人迷惘。若想單純體會「新黑體」的韻味，推薦選擇福島交通。

一
跟
「
平
體
」
非
常
相
配
。

「
新
黑
體
」

京
急
電
鉄

京急電鐵

新ゴ B 新黑體 B

けいきゅうたうら
KK
55 京急田浦
Keikyū Taura

安針塚 Anjinzuka   Oppama 追浜 54

此站名牌使用了稱為「平體」的
扁平文字處理。和文的特性是文字形狀
多有凹凸，採用平體，是為了使文字整
體比例均勻。關於「平體」，詳情參照
P13。

新ゴ M 新黑體 M

OH
19 向ヶ丘遊園 向丘游园
무코가오카유엔
Mukogaoka-yuen

登戸 Noborito   むこうがおかゆうえん   Ikuta 生田 OH
20

小田急電鐵　小　田　急　電　鉄

新ゴ M　新黑體 M

山陽電鉄
山陽電鐵

交給新黑體就對了！

不論何種設計，「新黑體」都能辦到。

新ゴ B　新黑體 B

J R 北 海 道

138

江之島電鐵 江 ノ 島 電 鉄

新ゴ M 新黑體 M

包括山陽電鐵、JR北海道等採用正統設計、堪稱「標準式」的站名牌，以至於如江之島電鐵、越後心動鐵道、廣島電鐵、高松琴平電鐵般獨具一格的設計，「新黑體」不論在何種環境都能順利融入，且可確保辨識度，根本就是標誌系統中的最強角色。凡是對鐵道文字抱持興趣的人，電腦中毫無疑問，絕對會安裝「新黑體」！

ト キ め き 鉄 道

え ち ご き 鉄 道

越後心動鐵道

新ゴ B 新黑體 B

新ゴ M 新黑體 M

広 島 電 鉄 廣島電鐵

新ゴ M 新黑體 M

高松琴平電鐵 高 松 琴 平 電 鉄

沖繩都市單軌電車
ゆ い レ ー ル

UD新ゴ DB　UD 新黑體 DB

新黑體家族亦包括了
「UD 新黑體 簡體中文」及
「UD 新黑體 韓文」，碰到多語言標示時，
仍舊可以統一使用相同概念的字體！

UD新丸ゴ M　UD 新圓黑體 M

「UD字體」讀起來更輕鬆。

北 九 州　北九州單軌電車
モ ノ レ ー ル

UD新丸ゴ R　UD 新圓黑體 R

「通用設計（UD）字體」是在「文字形狀易分辨」、「好閱讀」、「不易讀錯」等3個概念下所孕育而成。採用通用字體的站名牌，正陸續登場。這是最適合標示牌的一套文字。

一 畑 電 車

ゴシックMB101 B 黑體 MB101 B

こ ぎ の さと
近義の里
Koginosato

←石才 貝塚市役所前→

水 間 鉄 道 水間鐵道

除了「新黑體」，
其他字體也不錯。

見出ゴMB31 Midashi Go MB31

天王寺 M23
てんのうじ
Tennoji

しょうわちょう M24
Showacho

M22 どうぶつえんまえ
Dobutsuen-mae

Osaka
Metro

新ゴ M 新黑體 M

京阪電鉄

京阪電鐵

鳥羽街道 KH 35
とばかいどう

● ▶ Tobakaido ▶ KH 34

東福寺
Tofukuji

KEIHAN
Keihan Railway

伏見稲荷
Fushimi-inari

お手洗い 🚻 出口 →
Toilets Exit

京阪電鐵

喜愛的

我所

在森澤公司裡頭，竟然藏著一位京阪迷！森澤公關宣傳部的高井幸代小姐回想起從小就經常看著那「令人懷念的站名牌」，表示：「我最喜歡京阪電鐵了！」

森澤的名片可選擇個人喜愛的字體，甚至有龍明體（リュウミン）版！

広報宣伝部 広報宣伝課
高井 幸代
▲UD新ゴ DB

モリサワ

広報宣伝部 広報宣伝課
高井 幸代
▲新ゴ DB

http://www.morisawa.co.jp

森澤 公關宣傳部 高井幸代小姐

站名牌是風景的一部分。

「我是在京阪沿線出生的,從還小的時候就覺得它很親切。2008年之前的平假名站名牌使用了『黑體4550(ゴシック4550)』,文字的形狀已經成為「風景的一部分」一起保留在記憶裡面。2011年翻新之前,車站建築上面曾經掛著大大的3個平假名「くずは(樟葉)」,我實在喜歡得不得了(笑)。在品牌重塑之後,站名牌統一使用新黑體,也是非常精美又時髦。」森澤公關宣傳部的高井幸代小姐說道。這位女性鐵道迷一談

起「對京阪的熱愛」就停不下來。當被問到「除了京阪電鐵之外,還對哪條路線感興趣?」時,則說出了「所有鐵道我都喜歡,所以很難回答,但這題我還是要選京阪電鐵!」這種霸氣發言!京阪電鐵不限關西地區,在日本全國都有著大批粉絲,沒想到在森澤公司裡面也有一位狂粉!而文字形狀成為童年時期的回憶留存下來,這點也真不愧是京阪粉絲。

嶄(新)蛻變的樟葉站。

ヒラギノUD角ゴ W6 冬青 UD 黑體 W6

なんば
Namba

Ⓜ 御堂筋線
Midosuji Line

M 19 | M 20 | ≫≫ | M 21

しんさいばし
心斎橋
Shinsaibashi

だいこくちょう
大国町
Daikokucho

使用字體
ヒラギノ明朝 W4
（冬青明朝 W4）

ⓄⓈⓐⓚⓐ
ⓂⒺⓉⓇⓄ

SCREEN

使用字體
ヒラギノ角ゴオールド W6
（冬青黑體 OLD W6）

使用 SCREEN 字體的站名牌

SCREEN 公司以「冬青黑體」廣為人知。這套美麗文字不論跟何種場景都很相襯，亦有大批狂熱粉絲。近年來在站名牌上也經常可見的冬青字體，就讓我們一邊微笑一邊欣賞！

ヒラギノUD角ゴ W5 冬青 UD 黑體 W5

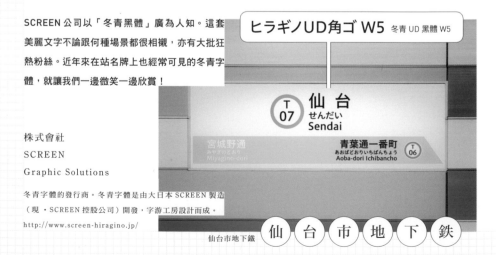

Ⓣ
07 仙台
せんだい
Sendai

宮城野通
みやぎのどおり
Miyagino-dori

青葉通一番町
あおばどおりいちばんちょう
Aoba-dori Ichibancho

Ⓣ
06

株式會社
SCREEN
Graphic Solutions

冬青字體的發行商。冬青字體是由大日本 SCREEN 製造（現・SCREEN 控股公司）開發，字游工房設計而成。
http://www.screen-hiragino.jp/

仙台市地下鐵 Ⓢⓔⓝⓓⓐⓘ

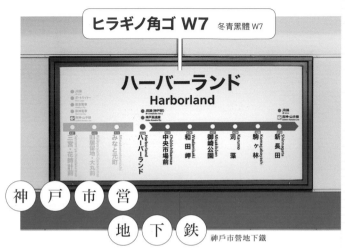

ヒラギノ角ゴ **W7** 冬青黑體 W7

神 戸 市 営

地 下 鉄 神戸市営地下鐵

どんな環境にも、

ハマる書体。

使用字體
ヒラギノ角ゴ
W6
（冬青黑體 W 6）

※ 不論何種環境都能融入的字體。

ヒラギノ角ゴ **W6** 冬青黑體 W6

阪 堺 電 軌

ヒラギノ角ゴ **W6** 冬青黑體 W6

平 成 筑 豊 鉄 道 平成筑豐鐵道

イワタUDゴシック M 岩田 UD 黑體 M

使用字體
イワタUD新聞明朝
（岩田 UD 新聞明朝）

京 成 電 鉄

京成電鐵

イ ワ タ

使用字體
イワタゴシックオールド B
（岩田黑體 OLD B）

使用岩田字體的站名牌

講起 UD（通用設計）字體，不可不談岩田。「岩田 UD 黑體」與「岩田 UD 圓黑體」，受到一般鐵道以至於自動電車輸送系統的廣泛採用。雖然 UD 字體容易讓人感覺冷硬，文字型態卻又散發著人性味的親切感，正好適合用在指示牌身上！

株式會社岩田

1920 年設立。除通用設計系列之外，亦開發了在朝日新聞報紙上使用的「朝日字體」等。

http://www.iwatafont.co.jp/

イワタUDゴシック M 岩田 UD 黑體 M

近畿日本鐵道

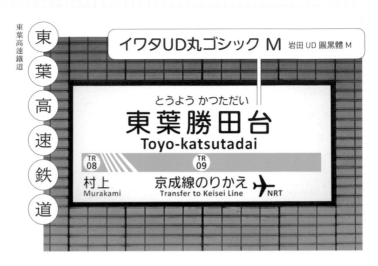

イワタUD丸ゴシック M 岩田UD 圓黑體 M

東葉高速鐵道

東葉高速鉄道

とうよう かつただい
東葉勝田台
Toyo-katsutadai

TR 08　TR 09

村上　京成線のりかえ ✈
Murakami　Transfer to Keisei Line　NRT

イワタUDゴシック M 岩田UD 黑體 M

百合海鷗線

ゆりかもめ

U 04　日の出
Hinode

柔らかくて、
分かりやすい。

使用字體
イワタゴシック B
（岩田黑體 B）

※柔美、好懂。

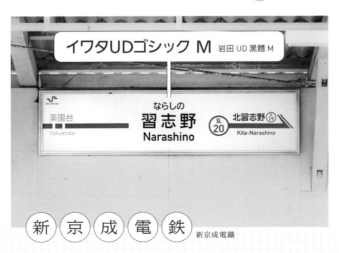

イワタUDゴシック M 岩田UD 黑體 M

新京成電鐵

新京成電鉄

ならしの
習志野
Narashino

薬園台　北習志野
Yakuendai　Kita-Narashino

SL 20　19

147

DF隷書体 W5 華康隷書體 W5

使用字體
DF平成明朝体 W5
（華康平成明朝體 W5）

箱根登山鉄道
箱根登山鐵道

ダイナフォント
使用字體
DF平成ゴシック体
W7
（華康平成黑體 W7）

使用華康字型字體的站名牌

華康字型除了正宗的黑體、明朝體，尚開發了
POP 字體、手寫風字體等，類型相當豐富。想
打造有「氣氛」的站名牌，選華康應該會很棒！

DynaComware Corporation
（威峰數位開發股份有限公司）

1987 年成立的台灣企業，2001 年改為現今的公司名稱。
開發眾多特殊字體，「DF STAR GOTHIC」等字體亦在日
本電視節目字標等處大放異彩。
http://www.dynacw.co.jp/

DF極太楷書体 華康特粗楷體

津輕鐵道　津軽鉄道

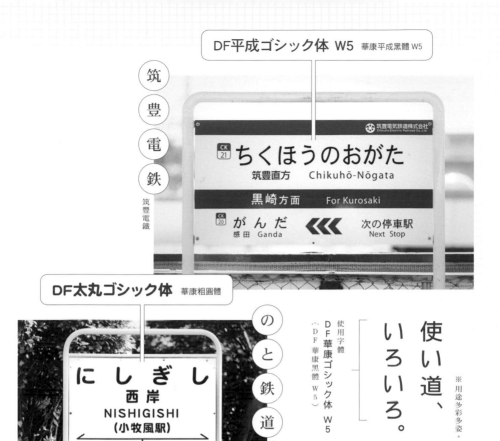

DF平成ゴシック体 W5　華康平成黑體 W5

筑豊電鉄

筑豊電鐵

DF太丸ゴシック体　華康粗圓體

のと鉄道

能登鐵道

使用字體
DF 華康ゴシック体 W5
（DF 華康黑體 W5）

使い道、いろいろ。

※ 用途多彩多姿。

DF中太丸ゴシック体　華康中圓黑體

會津鐵道

会津鉄道

KEISEI RAILWAY SERIES 3000

咯嚓
拍起來！！
搶眼指示牌

PASHA PASHA TORASETE!!
HAERU SIGN

該去哪裡
找尋美妙的鐵道文字景點？
讓我帶您去看搶眼指示牌。

＃傳統的站名牌
JR 北海道
HOKKAIDO RAILWAY

JR北海道有著滿山滿谷的「鐵道文字」樂趣，包括從車窗望見的壯闊景色、綠色的站名牌，還有自國鐵時代沿用至今的琺瑯廣告看板，全都好生相配。既可拍攝洋溢旅遊情調的懷舊指示牌，也可鍛鍊對字體的審美能力。請盡情享受鐵道文字吧（CV：大橋俊夫先生）。

一講起北海道。

　　一講起北海道，就得說說那以「墨圓體（スミ丸ゴシック体）」標示的直向站名牌。綠色色條往左右延伸，JR北海道的標準型站名牌（懸掛式・站立式）在國鐵民營化後就變更設計，但這個琺瑯廣告看板則是自國鐵時代就未曾改變的傳統。旅遊情調從「墨圓體」汨汨流洩而出，腦袋中出現了列車的氣笛聲、大橋俊夫先生美妙的嗓音，還有沿線的壯闊景色。石勝線夕張支線已在2019年3月底廢線，其站名牌也成為珍貴的存在。

適合中級鐵道文字迷的站名牌。

前一代的站名牌從雙箭頭式的設計，變更成與JR西日本等處相同的雙層結構設計；唯有前期設置的站名牌，使用了照相排版字體「Gona（ゴナ）」。不過隨著某些站點廢站，近年來若隔壁站點發生變動，則該站的站名會以「新黑體」來標示。不妨找找哪些站名牌是「新黑體」。

苦小牧站現仍留存的指示牌。

不一樣的字體。

試著找找

\#琺瑯廣告看板
\#札幌啤酒廣告
\#墨圓體
\#Gona與新黑體的問題
\#要不要吃派
\#鐵道文字迷

喜歡國鐵時代指示牌的人不妨前往苫小牧站。該站還留有最近相當少見的分離型亮燈標誌（俗稱：香蕉）。

＃ 反倒很潮
弘南鐵道
KONAN RAILWAY

弘南鐵道以青森縣弘前市為中心，擁有弘南線、大鰐線這2條路線，其車站建築的文字相當有趣！現代「字型」所體驗不到的絕妙氛圍，絕對值得一看。就算身處冬日嚴寒，感覺仍是暖呼呼的平賀站的橘色站名牌同樣必看。

因為橘色是弘南鐵道的形象色，所以用橘色！

平　賀
HI RA KA
はくのうこうこうまえ　　た ち た
HAKUNŌKŌKŌMAE　　TA CHI TA

舊字體「驛」。

掛在田舍館站建築上的站名牌，仔細一看，上方好像有著淡淡的文字痕跡⋯⋯。發現一行年代久遠、使用舊字體「驛」字的文字！雖然現在站名牌的重責大任，已經交棒給使用手繪圓黑體的看板，「田舍館驛」字樣那尚未完全消失的模糊狀態，同樣很有《三丁目的夕陽》之感！

弘南鐵道、水間鐵道
官方夥伴
渡邊康弘先生

「駅」字的4個重點。

　　黑石站的文字給人一種提不起勁的感覺。其絕妙的造型如今會覺得「反而很潮」，但值得矚目的點在「駅」的文字。黑石站（黑石駅）的「駅」字的「馬」字旁有4點，但弘南鐵道大部分車站的「馬」字旁，4點部分卻是寫成一條橫線。一般寫法的「駅」，反倒顯得珍貴起來。

扁平的形狀
很可愛！

對了，我很喜歡「新黑體」。

駅

這是標準的寫法。

黑石駅
KUROISHI

弘南鉄道 黒石駅

#國鐵時代的文字
福島交通
FUKUSHIMA KOTSU

雖是全長 9km 的短小路線，卻充滿著鐵道文字方面的魅力。福島交通飯坂線也以暱稱「飯電」為人所知。過往在都會圈曾經可見的亮燈式列車進站標誌、指示牌等在該線仍然存在著，令人驚奇：「連這個都有！」搭乘咖啡色和粉紅色的時髦電車，在中途下車旅行吧！

簡單但有韻味，經典站名牌！

至今留存，美麗如昔。

「JNR-L」與進站燈號。

　　飯坂溫泉站的站名牌，使用過往替國鐵指示牌所製作的「JNR-L」字體，至今仍維持漂亮的狀態。設置於各站的列車進站燈號亦具備獨特文字，令「鐵道文字魂」騷動不已。飯坂線實在是往昔美好文字的主題樂園！前去造訪「過往時光」，意下如何？

待合室・お手洗 →

改札口　キップうりば →

「分離型亮燈標誌」的造型很像香蕉串，因而被暱稱為「香蕉」。過去曾經在許多車站都能看到，而在飯坂溫泉站仍有現役的香蕉正在大放異彩。

請務必要來看看！

福島交通　鐵道部長 三浦賢一先生

國鐵時代的圖標好可愛！

電車のりば

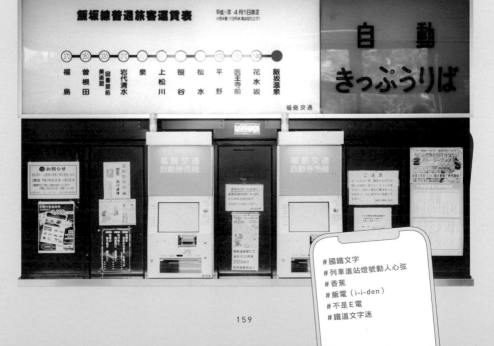

飯坂線普通旅客運賃表　平成◯年 4月1日改正
小兒半額（10円未滿絕切り上げ）

370　◯　330　310　◯　◯　◯　◯　170　◯　140

福島　曽根田　美術館前　図書館前　岩代清水　泉　上松川　笹谷　桜水　平野　医王寺前　花水坂　飯坂溫泉

福島交通

自動きっぷうりば

福島交通 自動券売機　　福島交通 自動券売機

お知らせ　　ご注意

#國鐵文字
#列車進站燈號動人心弦
#香蕉
#飯電（i-i-den）
#不是 E 電
#鐵道文字迷

159

＃彼此相連的站名牌

JR東日本

EAST JAPAN
RAILWAY

拍攝地點 東北本線 福島～東福島間

銀河鐵道與釜石線。

釜石線的站名牌據說也是宮澤賢治作品《銀河鐵道之夜》的創作原型。該線的全數站點都統一使用在地風情的指示牌。實際上若將所有站點的站名牌橫向排開，將會拼成一幅圖畫！此外，在東北本線沿線的平交道也有著相當可愛的「電」字警示標牌，務必去看看。

＃銀河鐵道之夜
＃此案必須全部踩點
＃在駕駛台上玩《小精靈》
＃三陸的大野狼
＃腦內背景音樂是 Koresawa
＃鐵道文字迷

＃光彩奪目型

三陸鐵道

SANRIKU RAILWAY

站名原本曾叫「小石濱」，2009 年改稱為「戀濱」。簡直就像戀愛實境秀開場畫面般的設計，現充感滿滿!? 從位於高處的月台可將太平洋盡收眼底，就算一個人也可以玩得很開心哦。

#墨圓體
信濃鐵道
SHINANO RAILWAY

隨著北陸新幹線（原·長野行新幹線）在長野開張，第三部門鐵道公司「信濃鐵道」也於 1997 年自 JR 東日本（信越本線）接下經營權。在輕井澤站還留有 JR 時代⋯⋯不，是國鐵時代的古老站名牌。來輕井澤觀光當然棒，文字部分也要多留意！

眾所周知的鐵道文字名勝。

流洩旅遊情懷的文字。

　　信濃鐵道輕井澤站在靠近舊站建築、平常所不會使用的月台上頭，有著使用往昔國鐵指示牌專用字體「墨圓體（スミ丸ゴシック体）」的站名牌。所謂「墨圓體」如同其名，是將文字「轉角」塑造成圓弧形的文字。比起在福島交通（P158）等處所能見到的「JNR-L」字體，墨圓體的歷史又更悠久，像輕井澤站這般以完美狀態留存的例子，實在少之又少。正是這套「墨圓體」漫溢著鐵道氣息，讓人品嚐旅遊的況味⋯⋯我試著用廣告代理商的風格，造了這個句子。

#國鐵文字
#讓人想去旅行
#避暑地
#壓倒性的西武王國
#車牌都來自外縣市
#鐵道文字迷

＃好想去看看
富山地方鐵道
TOYAMA CHIHOU RAILWAY

若要去搭乘富山地鐵，最好先空出1週的時間……這樣講或許太超過，反正要避免單日來回就對了！這是因為富山地鐵有著大量充滿韻味的站名牌和車站建築，多到本書篇幅都介紹不完。相機記憶卡的容量，也要多準備一點喔！

要逛幾小時都沒問題！

宛如
鐵道文字博物館。

在立山線跟上瀧線的交會站，名稱樸素又難讀的岩峅寺站內，如今幾乎難以一窺面貌的直書站名牌，正以現役身分活躍中！在連通道上的乘車月台指引，「寺田經由富山」的「經」字也寫成簡寫，氣氛簡直像是鐵道文字博物館，心情激動到難以負荷。

正因是西「魚」津……。

　　抵達富山地鐵本線的西魚津站後，請先試著走到站外！由右至左閱讀的戰前書寫方式自不待言，因為是西魚津，而模仿魚兒跳躍濺起水花般的文字造型，讓人感動到極點。以現在的角度而言，相信稱為文字商標也不為過。西魚津的站名牌絕對有值得一看的價值。萌爆了。

好想把它做成字體！

驛津魚西

直書站名牌
讓人情緒高漲的簡寫
戰前的站名牌
氣氛超群
意外罕見的正方形
鐵道文字迷

似曾相識……嗎？

　　有魅力的東西當然也不限於古老站名牌。在富山地鐵的許多車站裡頭，皆可見到使用照相排版字體「NAR（ナール）」的站名牌。在本線跟立山線交會的寺田站，則可找到「感覺存在但意外少見」，形狀幾近正方形的站名牌。富山地鐵的文字、站名牌外型都很歡樂，魅力四射，一、兩天根本看不完。

＃郵政字體風
山陽電鐵
SANYO RAILWAY

簡直就是郵政字體。
高雅的瀟灑氣質。

　　在山陽姬路站下一站的手柄站的文字，有幾分近似郵政字體（日本過往標示郵局名稱的字體）。感覺好像可以在裡面點咖啡喝的那種時髦大型書店的招牌……？往右上提高的站名標示，同樣也很罕見。

＃手柄的文字建樹
＃正因是手柄
＃往右上斜感覺很棒
＃站前有魚市場香氣
＃今天也精神飽滿地前往
　姬路城
＃鐵道文字迷

「手柄山溫室植物園」的字樣也很可愛！

＃戀愛車站風
智頭急行
CHIZU EXPRESS

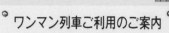

在地風情，同樣毫不敷衍。

　　「戀山形站」就跟三陸鐵道戀濱站一樣，站名裡有著「戀」字，因而將站名牌做成心型，但基本設計元素依然承襲智頭急行的標準設計，亦保障了辨識度。另外在「一人列車搭乘須知」上的人形圖示也很有趣。行走的人，停下的人，在地方路線經常可以看到足以傳達各階段行動的具體圖示。

＃日本四大戀愛車站
＃彷彿 Yuming 的專輯封面
＃站體也是粉紅色
＃戀愛郵筒
＃宮本 ERIO
＃鐵道文字迷

＃鐵道文字迷觀光

JR四國

SHIKOKU RAILWAY

到訪四國不妨去搭乘 JR 予讚線，除了一定會有的絕美景致，還可以評比令人狂熱的字體！身處在下灘站，海水湛藍，天空蔚藍⋯⋯沖繩歌謠中聽過的歌詞掠過腦海，時下年輕男女正拿著智慧型手機自拍，我則在旁取出了「重量級裝備」單眼相機拍攝站名牌！

鐵道文字，很上鏡。

予讚線下灘站（愛媛縣）是個風景如畫的著名車站，在為數眾多「可以看海的車站」當中，下灘站「在鐵道文字方面最上鏡」的原因就在於它的顏色。淺藍色是 JR 四國的企業識別色，跟背景的伊予灘完美相配！機會如此難得，得要帶著廣角鏡頭前去才好。用拋棄式相機拍出有韻味的照片，也算時下流行!?

海水湛藍，站名牌蔚藍。

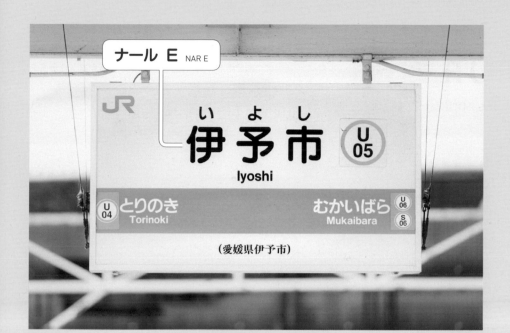

ナール E NAR E

新ゴ DB 新黑體 DB

新ゴ M 新黑體 M

字體、粗細都不同？

找找哪裡不一樣。

一站有 3 種文字。

在跟下灘站相隔4站的伊予市站，可以比較站名牌上共2種字體、3個類型的文字。前一代使用「NAR」字體的站名牌，跟現行的「新黑體」混雜存在，但仔細一看黑體的粗細並不相同，包括「新黑體DB」跟「新黑體M」。發現「鐵道文字疑案」啦！

#整面蔚藍
#希望可以放晴
#確實很上鏡
#委實非常萌
#耶比
#鐵道文字迷

167

#設計王國
JR 九州

KYUSHU RAILWAY

JR 九州可不只有觀光列車！就連站名牌都滿溢著值得觀光的元素。依各站點而異的插圖自不待言，從國鐵時代延續下來的傳統看板、以記號來呈現站名的獨特設計，甚至還有在地高中生所製作的站名牌。「超會設計的九州」實在樂趣滿滿！

拍這就對了……。

若是鐵道文字迷，拍攝「門司」站的站名牌在社群網站上絕對很搶眼!? JR 九州名勝——附有插圖的站名牌上頭也畫有811系電車，以宅宅的角度而言，照片無疑會如詩如畫！

門司港站是日本第一個成為國家重要文化財的車站，經過一番大變身，回歸了開業當時（大正時代）的模樣※。配合創建時的氛圍，將票價表嵌入當代設計的外框中，結果非常合適……。這真是個好點子！

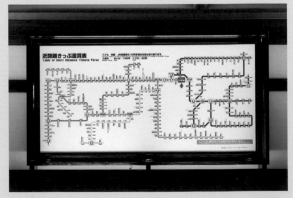

※2018 年 11 月部分開業。2019 年 3 月全面開業。

無論晴雨，氣氛總超凡脫俗。

有如終點站。

　　門司港站的站名牌，三言兩語無從道盡。相信只要親眼見識過，就能理解那份美麗。簡易的站名牌與軌道呈垂直設置，是營造終點站氛圍的優秀配角，不，是「主角」才對。

有如終點站，大型的車輛停止標誌。

手作站名牌，
與三角立牌。

唐津線、筑肥線的山本站（佐賀縣）設置了由在地工業高中學生手工打造的站名牌。從牌體、站名到箭頭皆以木材製成，散發著壓倒性的氣場。站名牌附長椅同樣罕見。而在鐵道文字方面，我想拍攝的則是通稱「三角立牌」的亮燈式直型站名牌。由於截面是三角形，而有了這樣的暱稱。夜間來訪，或許可以拍出很有氣氛的照片!?

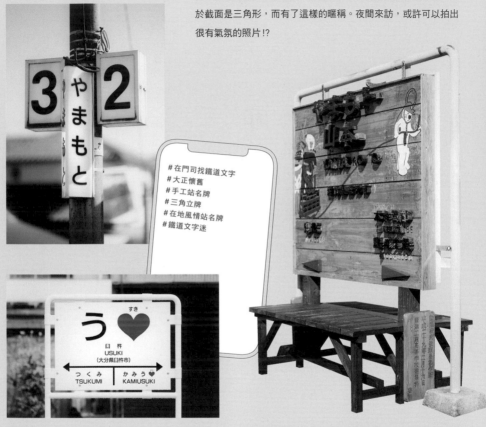

#在門司找鐵道文字
#大正懷舊
#手工站名牌
#三角立牌
#在地風情站名牌
#鐵道文字迷

JR九州的「鐵道文字疑案」還有別樁。日豐本線臼杵站（大分縣）的站名牌也很獨特，只因站名為「う『すき』」，就把「すき（SUKI，喜歡）」化作了愛心。從照片中也能看出就連隔壁上臼杵（KAMIUSUKI）站的「すき」也堅持做成愛心。同樣地，日豐本線別府站（大分縣）的站名牌也配合別府溫泉，加上了溫泉標誌。別府站有2種站名牌，亦有標明前後站名稱的一般站名牌。

在地風情站名牌
西日本鐵道
NISHINIPPON RAILROAD

　　太宰府天滿宮因供奉學問之神而名聞遐邇，在最鄰近的車站——西鐵太宰府站有著畫了梅花的在地風情站名牌，可以跟終端式月台拍進同一張照片裡頭。另外，靠近二日市月台處的站立式站名牌，則是一般的設計樣式。

和式氣氛。

此為一般的設計樣式。

復古未來
北九州單軌電車
KITAKYUSHU MONORAIL

#插畫站名牌
#研究學問也研究鐵道文字
#發車標誌
#未來感
#感覺會在NASA出現
#鐵道文字迷

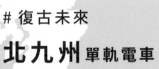

　　鐵道文字迷不是只會研究站名牌。北九州單軌電車從小倉站車站大廈內部發車的光景，很有近未來感；其列車進站標誌的設計，同樣也是近未來式。總覺得帶點復古未來主義的氣息，跟強烈有著未來交通工具形象的單軌電車相當搭配。橘色光點逐漸接近「本站」的模樣，很有科幻小說的感覺。

ホーム転落防止
点字ブロック迄で下がって
お待ちください

TOYAMA CHIHOU RAILWAY SERIES 16010

歡 樂
問 翻 天 ！！
鐵 道 迷

IRO IRO KIKASETE!!
TETSUDO FAN

為什麼
會愛上鐵道和文字呢？
讓我們來問問這些鐵道文字迷。

株式會社 HoriPro
女性鐵道迷播報員
久野知美 小姐
×
演藝經紀人
南田裕介 先生

久野知美小姐以女性鐵道迷播報員身分廣為人知，在以前就跟筆者有往來，也曾於自身著作（《鐵道與粉絲大研究讀本（鉄道とファン大研究読本）》）中訪問過筆者。演藝經紀人南田裕介先生雖然是位經紀人，卻經常在鐵道相關電視節目中亮相，是位有名的鐵道宅。這兩位會喜歡什麼樣的站名牌呢？

TOMOMI
KUNO

YUSUKE
MINAMIDA

九州的站名牌好獨特。

石川　這次希望能跟兩位大聊特聊「鐵道文字」的話題，久野小姐、南田先生，你們各是「哪種鐵道迷」呢？

久野　我基本上是「鐵道乘車迷」！我超愛京阪舊3000系電車，在它退役的時候也有去搭（笑）。不一定要是觀光列車，只要是能觸動心弦的電車，我都很喜歡搭。

南田　我也是「鐵道乘車迷」喔。我來自奈良，那是個對「鐵道乘車迷」而言很滋潤的環境。我在福岡跟關東都有親戚，所以去拜訪的時候，就可以搭電車出遠門了。

久野　好棒的「地理位置」喔（笑）。人在日本正中央的關西，往東往西都方便。

南田　說起來在JR九州的門司站，有站名牌上畫著電車駛進關門隧道的樣子對吧？

石川　對，是有的。照片……（掏出手機）是這個對不對？

南田　就是這個。畫著811系電車插圖的站名牌。我覺得畫了電車的站名牌非常珍貴。說到九州其他的站名牌的話，福岡市地下鐵各個車站的圖標真是特別又有趣。祇園的話則像是……這種感覺（擺出POSE）。

久野　其實我是遇見石川先生之後，才開始去留意站名牌，並且有了各式各樣的發現。那種「很明顯散發國鐵氣息」的古老指示牌非常萌，舉例來說像在總武快速線的地下車站，看到時都會開心不已！還有新幹線的圖標，碰到舊版圖標時也超開心。不過除了舊東西，我也很喜歡新東西。

南田　站名的羅馬拼音滿滿擠在一起的那種也很棒，像是吾妻線長野原草津口站的「NAGANOHARAKUSATSUGUCHI」，連個連接號（−）都沒有（笑）。另外像有標示地址的站名牌，在碰到市級合併之類的行政區改動的情況時，就會拿貼紙貼上新的。我也很喜歡看這種東西。

久野　要說地區性的，像是JR西日本，從站名牌的顏色就能知道自己現在人在哪裡，這個我也很喜歡。我自己也是來自關西，看到熟悉的顏色就會覺得「啊啊回到家了」。

南田　天王寺站的顏色也很繽紛呢。

久野　整個非常衝擊啊。

石川　（這兩人機關槍般的討論，完全無從插話……。）

Osaka Metro不可思議的站名牌。

南田　我記得在Osaka Metro裡有形狀非常有趣，接近正方形的站名牌……。

石川　堺筋線的日本橋站嗎？

南田　喔對，就是那邊！

久野　有有有！真懷念！那好像是因為柱子寬度的關係吧。

南田　阿波座站是直向長型的！

久野　沒錯沒錯！阿波座站明明是橫書，卻是直向長型的站名牌！

石川　御堂筋線的動物園前站也是這樣（笑）。

南田　隔壁站是「だいこくちょう（大國町）」，空間明明不夠，站名卻還這麼長（笑）。

久野　阪鐵（Osaka Metro）以前的站名牌，鄰站名稱是用平假名寫的這點我很愛。我尤其喜歡像是「てんじんばしすじ6ちょうめ（天神橋筋六丁目）」這種長站名（笑）。還有「なかもず（中百舌鳥）」站，站名本身就寫成平假名。

石川　在南海高野線則是用漢字寫著「中百舌鳥」站喔。札幌也是一樣，JR北海道寫成「札幌」，市營地下鐵卻寫成「さっぽろ」。

久野　看來是地下鐵比較容易把車站名稱寫成平假名哦（笑）。為什麼會這樣啊。

南田　真是不明白欸。

南田裕介先生

PROFILE

1974年生於奈良縣。負責久野知美小姐等自由播報員的經紀事務。株式會社HoriPro播報室經理主管。

京阪，形象一新。

南田　最近用平假名寫站名的車站，像是兩毛線的「あしかがフラワーパーク（足利花卉公園）」之類的，數量漸漸變多了。稍微久一點的，還有常磐線的「ひたち野うしく（常陸野牛久）」。到底是「常陸野」還是「牛久」都要搞不清楚了！（笑）

久野　福島交通飯坂線的「美術館圖書館前」，也搞不清楚到底是在哪個前面！

南田　那應該兩個都是吧（笑）。

久野　對啦（笑）。

南田　在國鐵JR民營化之後，開始出現想像力豐富的站名，站名牌也跟著進化，像是搭配各地的特色設計等等。

久野　我以前曾經居住在京阪沿線上，當四条站、五条站改變成祇園四条站、清水五条站的時候，站名牌跟著統一成紺色，文字也變成了新的字型……等等，我清楚記得，沿線的形象一口氣變得相當時髦。我那時候的心情就像是認識很久的青梅竹馬在「上大學後突然變得很會打扮」的感覺，又或者是追隨很久的偶像突然間爆紅的那種感覺（笑）。

石川　那是京阪中之島線開業※前幾年的事情對吧？

久野　沒錯。不過天滿橋的轉乘連通道，到現在（2018年）還保留著以前的指示牌喔。

石川　您還真會找！

久野　統一換成新設計之後，還能夠尋找到過往的版本，讓人有點雀躍。雖然應該是全部都要統一比較好啦，但在個人興趣方面就是……嗯（笑）。

石川　我懂。心情上希望可以統一，但也想看到不尋常的地方。但還是希望可以統一（笑）。

※ 中之島線開業時間為 2008 年。

久野　還有，國外的站名牌也很棒啊。又很時髦，呈現的資訊也很簡單。

石川　基本上國外站名牌標示的資訊量都很少。比如就不會寫出隔壁站的站名。

久野　簡單到只有文字的站名牌，也非常帥氣！

照片　久野知美

久野知美小姐

PROFILE

大阪市寢屋川市出身。自由播報員、女性鐵道迷。除擔任眾多鐵道電視節目、廣播、活動主持人外，亦為各鐵道公司的車內廣播獻聲。著有《鐵道與粉絲大研究讀本：我們超越了列車的極限（鉄道とファン大研究読本～私たち車両限界、超えました～）》（KANZEN 出版）

東海廣播電台

播報員

源石和輝 先生

從鐵道時刻表迷變成鐵道配線迷，然後成為鐵道文字迷。東海廣播電台的源石先生對鐵道平面設計領域深有所好，在晨間現場節目「日間咖啡廳」結束後，我細細詢問一番充滿了「鐵質」的話題。

站名牌是鐵道的「門面」！

KAZUTERU GENISHI

PROFILE

1971 年生於大阪府豐中市。

東海廣播電台播報員。

東海廣播電台「源石和輝 日間咖啡廳」節目於週一～五 正午時段播出。

對圖面的部分感興趣。

石川 源石先生是「哪種鐵道迷」呢？

源石 我原本是「鐵道時刻表迷」。我父親經常需要出差，所以我們家裡有時刻表。我一開始連該怎麼讀都不曉得，但看著看著漸漸就覺得有趣了。後來在我7歲生日的時候，朋友送了我一本《鐵道迷（鉄道ファン）》（交友社）雜誌（笑）。從那時開始，我就一口氣愛上了鐵道。那本《鐵道迷》是1978年的12月號，正好是「五三十」那場（國鐵）時刻表大改點的時候。雜誌封面是381系「黑潮」號，特輯主題則是「四線鐵路」。附錄放了四線鐵路的配線圖，我就被所謂鐵道的圖面部分給吸引了。所以說我當鐵道迷真正的起點，有可能是「鐵道配線迷」（笑）。

石川 您記得真清楚耶！還有從小就是鐵道配線迷，這個也很罕見（笑）。

源石 對圖面部分感興趣，這跟「鐵道文字迷」可能也有點類似。

石川 就圖面部分而言，在鐵道文字的世界裡，您是對什麼地方感興趣呢？

源石 大阪市營地下鐵（現・Osaka Metro）的「鬍鬚文字」。我是在大阪出生的，當時在我幼小的心靈裡，這種文字有一點可怕（笑）。鬍鬚文字的站名牌，日文字是紺色，英文字則是紅色，這組配色（對小孩而言）感覺也非常強烈（笑）。當時在電視新聞節目上，也

有不少這類特色文字。所以說，即便小時候還不懂字體的名稱，但我或許早就對文字開始產生興趣了。比如說高速公路上會使用的「公團黑體」之類（笑）。

石川 「公團黑體」省略字形的方式很獨特，真的很棒。

源石 在鐵道方面，不太會出現那樣子的省略方式。不過從1987年國鐵拆分民營化之後，我在觀察JR各間公司「旅客鐵道」的文字商標時，發現「鉄（鐵）」字竟然不是「金」字旁加上「失」，而是加了「矢」。我聽說會這樣寫是因為「失去金錢」不太吉利。以前在大阪阿倍野的近鐵百貨公司頂樓有個塔，上面有塊寫著「近鐵」的看板，那邊的「鉄」字也是寫成「金」加「矢」。所以我在學校考試也這樣寫，就被糾正了（笑）。

石川 這樣說起來，好像只有JR四國的「鉄」字是「金」加「失」耶。

源石 就是說啊！試著觀察鐵道公司的文字商標，總是會有各種發現，真的很非常有趣。

指示牌變化不息。

石川 請說說您對「鐵道文字迷」的印象。

源石 我第一次聽到的時候，有種「完蛋了！」的感覺（笑）。畢竟我就是喜歡這類東西嘛。當某種類別問世之後，感興趣的人自然就會聚在一塊。然後現在我眼前就有一個同類（笑）。

石川 哈哈哈哈哈！

源石 該說同時又開心又後悔嗎？不過開心還是佔多數啦。鐵道興趣的領域非常廣泛。所以才會從「鐵道乘車迷」、「鐵道攝影迷」甚至「鐵道飲酒迷」，慢慢發展出各種分支。在鐵道發源地英國，這種興趣還被稱為「King of Hobby」，所以說真的有各種切入角度。當一個人發現自己是個「鐵道○○迷」時，也就能向「非鐵迷」的人們傳達它的魅力。所以說鐵道文字迷在鐵道迷的分類裡頭，感覺就像是最後一條礦脈那樣（笑）。虧你能把礦給挖出來！

石川 感謝稱讚（笑）。話說回來，您有喜歡的站名牌嗎？

源石 我喜歡那種在站名牌換成新設計之後，還是保留下來的舊站名牌。

石川 爆炸同意（笑）。

源石 近鐵上本町站的地面月台9號線，唯獨有個地方一直把舊站名牌保留到了90年代為止喔。從現在往回算，已經是往前2代的設計了。當時我都搭近鐵上下學，看著它就默默感到很快樂（笑）。

石川 您對不尋常的東西……。

源石 很喜歡喔（笑）。相反地如果是經過統一的東西，我則是喜歡JR東海的「墨圓體（スミ丸ゴシック体）」。其實我聽須田先生[※]說，他自己也超喜歡文字喔。還有最近一直在增加的名古屋市營地下鐵的新指示牌。我很喜歡那個歐文

的「Myriad」字體。我有次偶然經過千種站，剛好碰到指示牌在汰舊換新，目睹了2種設計共存的景象。剛好現在（2018年）更換作業正在進行中，所以我到處猛拍（笑）。

照片 源石和輝

石川 完全就是個鐵道文字迷啊！

源石 哈哈哈哈哈！關東的話，營團地下鐵（現・東京Metro地鐵）的「黑體4550（ゴシック4550）」也讚。我在寫新聞原稿的時候，會模仿這個字體來寫字，但別人老是說「很難讀」。導播都叫它「源石字體」（笑）。

※ 須田寬。JR東海首任社長。

只屬於自己的架空站名牌。

石川　既然喜歡站名牌跟文字，試著自行作畫設計原創站名牌，也就是所謂「鐵道架空迷」的這個分支，您覺得如何呢（笑）？

源石　其實啊，我中學的時候有畫過（笑）。不知道有沒有留下來耶？不然我來畫一下當時想像的站名牌好了！

比如在去東京的時候，我看到嶄新的站名牌就會馬上受到影響（笑）。我下了很多工夫，像這邊的高度要一致、這邊要講究易讀性之類的。

石川　哈哈哈哈哈！當時除了站名牌，也會創作指示牌那些嗎？

源石　會啊，不只路線圖、票價表，就連月台旅客資訊顯示系統、路線牌我都有做過喔。我不是用實際存在的都市，而是在架空的都市裡打造想像的鐵道，所以可以自由鋪設路線，不必受限於實際的都市。然後也會慢慢補上地形。明明是民營鐵路，卻架了瀨戶大橋等級的橋梁，一路延伸到離島。連島的名字都決定好了，叫「大島」（笑）。

石川　好詳細！這是最後一個問題了：您覺得站名牌有何魅力呢？

源石　我認為站名牌是鐵道的「門面」。去某地旅行時，可以拿來跟家鄉的路線比較、尋找差異等等，這種欣賞方式是很有趣的。我想就算不了解字體，光是觀察看板的長寬比例、顏色之類的就會讓旅程變得歡樂許多。透過「鐵道文字」也能從頭認識在地的路線，或許應該叫做「鐵道在地迷」！

站名牌設計 源石和輝

もとまち　元町　Motomachi

しんばし　Shimbashi

※邊走路邊滑手機很危險！

MBS 電台（每日放送）

播報員

福島暢啓 先生

MBS 播報員福島暢啓先生，目前透過 Twitter 帳號（@jingtangK），推廣著在街上所找到感興趣的文字和圖標等。我透過「鐵道文字迷」的「文字」手段，在電子郵件中問了一些問題。

寫稿的字體也很堅持。

Q 鐵道迷分成「鐵道乘車迷」、「鐵道攝影迷」等等，請問福島先生是「哪種鐵道迷」呢？

A 我很喜歡文字，但關於鐵道，其實是個知識跟經驗都極度淺薄的外行人（笑）。硬要說的話，我可能是在生活中對鐵道小有興趣的「鐵道小迷」。我對用色、文字、圖標很有興趣，所以「鐵道設計迷」的成分可能也稍微強了些。

Q 對福島先生來說，有熟悉的鐵道路線嗎？

A 我最熟悉的是從學生時期就開始搭的京阪電鐵，包括車輛跟車窗的景色，都是我搭起來最開心的電車。喜歡的路線是京阪石山阪本線。

Q 您最初聽到「鐵道文字迷」時，有著何種印象呢？

A 拍大腿覺得驚訝，「竟然還有這種分類啊！」如果我能在更小的時候就邂逅到

鐵道是文字的寶庫。

NOBUHIRO
FUKUSHIMA

PROFILE

1987 年生於宮崎縣宮崎市。
MBS 播報員。
主要參與節目包括
「Saturday Plus」（電視）
「MBS YOUNG TOWN」（電台）
「下一站～新福島！」（電台）等。

「鐵道文字迷」這個分支，一定早就變成無可救藥的鐵道迷了吧（笑）。

 您是從什麼時候，開始對文字和圖標感興趣的呢？

 我對文字本身產生興趣，是在小學的時候。我很愛讀祖父給的漢字字典，被漢字的形狀強烈吸引。後來是在中學的時候，改對街上招牌之類的文字感興趣。我發現在書法教室等處學到的文字，形狀跟招牌文字、電視上出現的手寫超市文字長得不一樣，覺得「寫這類型的字，感覺比較開心」，就開始臨摹起來。上大學後我從宮崎搬到京都，街上真的充滿超多的手寫文字，讓我非常激動，每逢假日就在街上到處欣賞招牌……。鐵道相關設施無疑是性格豐沛的文字寶庫，所以我自然而然就開始留意起來。

 請福島先生提3個您所感興趣（喜歡的）站名牌。

 首先是阪急的站名牌。我很喜歡圓黑體、「NAR（ナール）」字體的柔和曲線。還有底色與白色文字的對比，我也覺得很時髦。再來是京阪，瀟灑又俐落，很有都會風的設計，我非常喜歡。最後是大阪市營地下鐵（現・Osaka Metro）的鬍鬚文字。最近雖然變少了，但找到時都會很興奮。我甚至覺得，如果可以統一改成那種文字就好了。

 您個人有什麼喜歡的字體、常用的字體嗎？

 我常會使用「UD數位教科書體（UDデジタル教科書体）」、「HG圓黑體（HG丸ゴシック）」、「冬青圓黑體（ヒラギノ丸ゴ）」之類的圓黑體。尤其喜歡「冬青圓黑體」。在寫要帶進錄音室的稿子或筆記時，我覺

得它的辨識度比黑體、明朝體都還要好。雖然差異只有一點點，但我發現在廣播中，些微的差異也會改變講話的品質，所以很注重。公司裡面使用的貼紙之類，大多是使用免費字體「國鐵風字體（国鉄っぽいフォント）」。另外我還喜歡「機械雕刻用標準字體」，我的自製手機殼就套用了這種字體。對了，我也很喜歡神戶高速鐵道新開地站的指示牌，就拍了照片。碰到用手寫文字切割出來的壓克力看板，我都會產生膝跳反應喔（笑）。

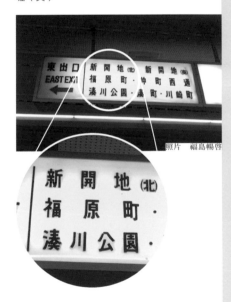

照片　福島暢啓

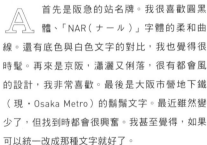

Adobe Systems 株式會社

行銷經理

岩本 崇 先生

在販售 Photoshop、Illustrator 等設計師必備軟體和字體的全球型企業 ADOBE 公司裡頭，也藏著一名鐵道迷！讓我們聽聽鐵道宅員工岩本崇先生怎麼說。

喜歡東武的文字。

石川 身為 ADOBE 公司裡首屈一指的鐵道迷，請務必跟我們談談「鐵道文字」的話題。

岩本 感謝抬舉。話說，我聽聞您第一本《鐵道文字迷（もじ鉄）》，每頁都是用 Illustrator 排出來的。這次的《解構鐵道文字設計》，您有使用 InDesign※製作了嗎？（笑）

石川 不，其實這次也一樣，所有頁面都是用 Illustrator 排版的……（笑）。

※InDesign 是一款桌面排版軟體。在替頁數較多的書籍、雜誌等排版時，比起繪圖軟體 Illustrator，在文字、插圖的配置跟修正上都更輕鬆，作業效率也很棒。

岩本 拜託也要用用看 InDesign 啦！

石川 遵命（笑）。話說回來，岩本先生是「哪種鐵道迷」呢？

岩本 我是「鐵道乘車迷」。其實我是從進 ADOBE 工作之後才愛上鐵道的。會這樣是因為我到全國出差的時候，發現要從 A 地前往 B 地時，靠鐵路移動會比直接前往還要有趣。以前我搭夜行列車的次數可還比現在更多喔。只在某一塊土地上奔馳的列車之類的，我漸漸地對那種魅力感到無法自拔。我變成「鐵道文字迷」的契機，是

想替照片去背，就在這裡拍吧！

TAKASHI IWAMOTO

ADOBE 公司內有著巨大的 PHOTOSHOP 造景！去背太可惜了，於是選擇保留！

PROFILE

Adobe Systems 株式會社
Creative Cloud 部門行銷部
行銷經理
http://www.adobe.com/jp/

因為工作上必須行銷字體，就對全國各式各樣的站名牌產生了興趣。

石川　您有特別熟悉的站名牌嗎？

岩本　我出生的地方是在東武野田線沿線。畢竟是看著野田線長大的，對東武的站名牌還是最有感情。東武的文字是稍粗的字體，而且是斜體，我很喜歡。現在它還是有使用在東武東上線、東武動物公園的文字商標上頭，我覺得這種文字很有魅力。就跟石川先生喜歡京急的文字，理由是很相似的。

石川　英雄所見略同（笑）。

岩本　東武保留舊有的字體跟現代物件共存，這點真的很棒。雖然現在的導引標示已經不是「野田線」了（笑）。

石川　現在（路線名稱的）導引標示已經統一成「東武都市公園線」了（笑）。對了，您第一次聽見「鐵道文字迷」這個詞彙時，有著怎樣的印象呢？

岩本　在正面意義上，覺得還真變態呢（笑）。這是在稱讚喔！真的是不同凡響的一種興趣。光鐵道的指示牌竟然就有這麼深奧的世界。

石川　除了您所熟悉的東武線之外，還有其他「好喜歡這個！」的站名牌嗎？

岩本　箱根登山鐵道的站名牌很有情調，我覺得很棒。搭乘小田急浪漫特快抵達小田原之後，字體從「新黑體」變成「隸書體」，氣氛也就整個不一樣了。我覺得從站名牌，也能感覺出箱根身為觀光地的魅力。

石川　還有其他的嗎？

岩本　我很喜歡從以前保留到現在的舊站名牌，但經過認真建立品牌的現代型站名牌同樣很有魅力。例如JR西日本，大阪環狀線的站名牌就跟其他路線的背景色不同，有黑色及白色的差異；經過統一的京阪指示牌，同樣也很不錯。讀了這本書（《解構鐵道文字設計》）應該就會懂了吧？（笑）

石川　當然是這樣！最後請您做個結尾。

岩本　在全國旅遊，拍攝了站名牌和列車的照片之後，還請試著使用Photoshop或Lightroom[※]加工出更有氣氛的照片。軟體裡也有個叫做「符合字體」的功能，可以從電腦內建字體或Adobe Fonts字體庫，辨識出跟照片上比較相近的字體。若您想認識文字的美妙世界，請一定要試試看！

※ 兩者皆為影像編輯軟體。

OSAKA METRO SERIES 10

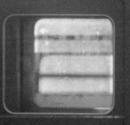

結語。

　　2017 年底發行《鐵道文字迷：從字體解讀日本全國全鐵道的站名牌（もじ鉄 書体で読み解く日本全国全鉄道の駅名標）》後，已經過了 1 年。我完全沒有想過，第 2 本竟能這麼快就付梓。本書之所以能夠發行，鐵道公司、設計公司的諸位提供了我莫大協助；而我在製作第 1 本時的一切明明廢到極點，三才 BOOKS 的諸位卻還願意問我「要不要再做一本鐵道文字迷的書呢？」；還有最重要的，就是拿起本書閱讀的每一位……我想致上＼壓倒性的感謝／。閱讀本書之後，倘若「鐵道文字」的趣味，能使大家的日常生活滋生哪怕些許的雀躍心情，那我就……那我就……＼躺平／。（晚安囉）

石川祐基 | 平面設計師

1987 年，國鐵民營化隔天，生於東京都。
東京工藝大學藝術學部中途退學，曾於動畫設計製作公司任職，
2017 年創立設計事務所「設計急行株式會社」（http://dezakyu.co.jp/）。
日本平面設計師協會（JAGDA）會員／電波塔會員／最愛彩虹征服者俱樂部會員

日文版 STAFF

設計、插圖、照片	石川祐基（設計急行株式會社）
照片（採訪）	石川　奏（設計急行株式會社）
協助	須藤重俊（設計急行株式會社）
	橋本真一
	平尾典久

MOJIMOJIMOJITETSU TETSUDO NO SHOTAI TO DESIGN HOBO ZENBU
© YUKI ISHIKAWA 2019
Originally published in Japan in 2019 by SANSAIBOOKS CO., LTD.
Chinese translation rights arranged through TOHAN CORPORATION, TOKYO.

解構鐵道文字設計 深度剖析筆畫之間的美學奧義

2020 年 6 月 1 日初版第一刷發行
2024 年 7 月 15 日初版第二刷發行

著　　者	石川祐基
譯　　者	蕭辰倢
編　　輯	劉皓如
美術編輯	黃瀞瑢
發 行 人	若森稔雄
發 行 所	台灣東販股份有限公司
	＜地址＞台北市南京東路 4 段 130 號 2F-1
	＜電話＞（02）2577-8878
	＜傳真＞（02）2577-8896
	＜網址＞ https://www.tohan.com.tw
郵撥帳號	1405049-4
法律顧問	蕭雄淋律師
總 經 銷	聯合發行股份有限公司
	＜電話＞（02）2917-8022

國家圖書館出版品預行編目（CIP）資料

解構鐵道文字設計：深度剖析筆畫之間的
美學奧義 / 石川祐基著；蕭辰倢譯. --
初版. -- 臺北市：臺灣東販, 2020.06
192 面；14.8×21 公分
ISBN 978-986-511-344-5（平裝）

1. 鐵路車站 2. 標誌設計 3. 日本

557.2631　　　　　　　　　　109005392